RONNY PIETZNER
HARRY BALKOW-GÖLITZER

PreussenKrimiKochbuch

Kochen wie Langustier

Unter Mitarbeit von Bernd Maether

berlin.krimi.verlag

Die Personen und Handlungen in diesem Buch sind nicht alle frei erfunden, die Orthografie und Grammatik, besonders in manchen Zitaten, ist auf jeden Fall überraschend.

Für die Mitarbeit an den Rezepten wird Reinhard Wiesner und Hendrik Schmitzdorf gedankt.

Bibliografische Informationen der Deutschen Bibliothek
Die Deutsche Bibliothek verzeichnet diese Publikation in der Deutschen Nationalbibliografie; detaillierte bibliografische Daten sind im Internet über http://dnb.ddb.de abrufbar

Originalausgabe

KulturBrauerei Haus S, Schönhauser Allee 37, 10435 Berlin
post@bebraverlag.de
Lektorat: Jana Muschick, Rathenow
Umschlag: Hauke Sturm, Berlin, unter Verwendung
eines Ausschnitts des Gemäldes »Das Gleichnis vom Verlorenen Sohn«
von Frans Francken d. J.
bpk, Berlin
Gestaltung: Greiner & Reichel, Köln
Schrift: Stempel Garamond 10/13,5
Druck und Bindung: GGP Media GmbH, Pößneck

ISBN 978-3-89809-508-2

www.bebraverlag.de

Amusegueule

Dieses Buch ist gewissermaßen das Nebenprodukt einer zunächst wenig aufregenden Arbeit, die ein preußischer Amtmann im Auftrag des königlichen Hofmarschallamtes zu leisten hatte. Beim Ordnen einer Vielzahl von Papieren, auf denen zum Teil schon der Staub von Jahrzehnten schlummerte, entdeckte jener jedoch auch die noch unentdeckte Hinterlassenschaft eines leidenschaftlichen Kochs am Hofe Friedrichs des Großen, welcher manchen Lesern vielleicht bekannt vorkommen mag: Honoré Langustier. Ohne auf dessen sonstige Verdienste eingehen zu wollen, lag es nahe, den Schatz, den er und seine Zeitgenossen, die Küchenmeister am Hofe Friedrichs II., angehäuft haben, uns heutigen Hobbyköchen zugänglich zu machen. Mit Ronny Pitzner, einem Meisterkoch des 21. Jahrhunderts, gelang es zudem, diesen Schatz aus dem 18. Jahrhundert für unsere Zeit etwas aufzupolieren und jene Rezepte und Kochanleitungen mit zeitgenössischen Zutaten und praktischen Hinweisen zu versehen.

Die Arbeit eines Archivars – und das ist eine weitere Entdeckung dieses Buches – ist oft recht mühevoll, kann aber durchaus auch spannend sein. Mitunter lassen sich aus überlieferten Papieren nicht nur Details und Ereignisse aus dem Leben und Treiben unserer Vorfahren herauslesen, sondern ebenso die ihrer Verfehlungen und Missetaten. Nicht immer lässt sich genau sagen: Was ist wirklich wem und wann so passiert und was davon wurde irgendwann einmal hinzuerfunden? An der Lösung von Kriminalfällen aber – so viel ist sicher – waren die Menschen bisher stets genauso interessiert, wie an guter Küche. Mögen Sie, liebe Leser, sich im Folgenden selbst ein Bild davon machen, was Wahrheit und was Dichtung ist. Und möge Ihnen der Spaß sowohl an spannenden Krimis wie auch an gutem Essen erhalten bleiben.

Harry Balkow-Gölitzer Berlin im Februar 2007

Amusement

Seine Exzellenz Burchard Friedrich Freiherr von Maltzahn, Wirklicher Geheimer Rat, seit 1810 Hofmarschall und Intendant der königlichen Schlösser und Gärten, beauftragte den Kastellan im Berliner Stadtschloss, Franz Heinrich Richter, Unterlagen zu sichten, die in der Regierungszeit Friedrich II. entstanden und nun unsortiert im Archiv verstaubten. Die Schriftstücke und Dokumente lagerten in unübersichtlichen Stapeln in einem abgelegenen Teil des Kellers, der zu den Archiven des Hofmarschallamtes im Neuen Palais gehörte. Es sollten Berichte über das Leben des Kronprinzen in Rheinsberg, die schöngeistigen Zusammenkünfte, Feste und Bälle, über höfische Festlichkeiten und Tafelrunden des Königs in Sanssouci sowie besondere Speisepläne der Hofküche sein. Diese Akten sollten sortiert und anschließend dem Hofmarschallamt in einer detaillierten Übersicht übergeben werden. Richter nahm die Anweisung vom Hofrat Lentz entgegen und begann sofort mit einer ersten Sichtung. Niemandem war wirklich bekannt, was sich in den ungeordneten Papierstapeln befand, die in den Fächern mehrerer Regalen abgelegt waren.

Der Kastellan eröffnete seine Arbeit mit dem Durchwälzen unendlicher Berge mit Abschriften, Druckerzeugnissen, Briefen von Freunden und Gesandten, darunter auch einigen Staatspapieren, und war bemüht den Anfang in der Chronologie zu entdecken. Aus Friedrichs Kronprinzenzeit schien sich allerdings wenig in den Regalen zu befinden. Besonderes Interesse beim Stöbern weckten bei ihm die Einzelstücke und gebundene Zettel der königlichen Küche aus der Zeit zwischen 1740 bis 1786.

»Mein Vater«, so hält Franz Heinrich Richter später in seinem Arbeitstagebuch seine Gedanken und Vorgehensweise fest, »war Koch in der königlichen Küche und so interessierte ich mich natürlich besonders für die Küchenangelegenheiten und Küchenzettel. Diese Zettel waren einzeln für einen Tag zusammengefasst oder lagen in kleinen Bänden, verschnürt für einen Monat im Jahr, auf dem alten großen Tisch des Kellerarchivs.

Als Kind hatte ich die Küchenmeister, Kellermeister und Köche aus vielen Ländern Europas, aus Frankreich, Preußen, England und Russland kennen gelernt. Wenn ich meinen Vater manchmal in der Küche des Schlosses Sanssouci besuchte – natürlich nur, wenn der König nicht da war –, konnte ich beobachten, wie dort die herrlichsten Speisen zusammengestellt wurden. In ganz seltenen Fällen durfte ich auch mal von der einen oder anderen Speise kosten. Als ich dreizehn Jahre alt war, begann ich eine Ausbildung als Küchenjunge in der Hofküche des Neuen Palais'.

Mit dem zweiten Hofküchenmeister Honoré Langustier verband meinen Vater eine langjährige Freundschaft. Langustier kochte nicht nur gut und hatte einen edlen Geschmack, er konnte auch angeregt erzählen, vornehmlich über die von ihm gelösten Kriminalfälle. Oft war er bei uns zu Gast, und wenn dann die beiden Köche bei einem edlen Tropfen Wein im Garten unter dem Nussbaum saßen, versteckte ich mich hinter einem nahe gelegenen Strauch und konnte so Langustiers spannenden Geschichten über Mord und Totschlag lauschen. Manche seiner Erzählungen erschienen mir unwirklich, aber später erfuhr ich, dass sich die Kriminalfälle tatsächlich so zugetragen hatten und der König selbst es war, der seinen geschätzten Zweiten Hofküchenmeister zur Lösung dieser Fälle auf die Spur gesetzt hatte. So erzählte Langustier zum Beispiel, dass Ostern 1750 ein Gast beim königlichen Bankett unter heftigen Koliken zusammenbrach. Die Adjutanten vermuteten einen missglückten Anschlag auf Friedrich II. Als jener Gast etwas später in einem zweifelhaften Etablissement in Berlin tot aufgefunden wurde, beauftragte der König den Hofküchenmeister mit den Ermittlungen. Der war schon bald auf der richtigen Fährte, was sich dadurch zu bestätigen schien, dass auch ihm, Langustier, plötzlich jemand nach dem Leben trachtete.

Eine andere Geschichte, an die ich mich erinnere, hat Langustier im Jahre 1766 zum Neuen Palais in Potsdam geführt. Dort drohten größere Bauverzögerungen an dem Prunkbau, wenn nicht neues Geld bereitgestellt werden könnte. Französische Steuerbeamte sollten die Staatskasse wieder auffüllen helfen. In diesen Zeitraum fiel die Ermordung eines Steuereintreibers in Berlin. Weil der König einen Zusammenhang vermutete, beauftragte er Langustier erneut mit den Nachforschungen. Wieder entging der Hobbykriminalist nur knapp einem heimtückischen Attentat, bevor es ihm ein weiteres Mal gelang, die Täter zu stellen.

An Langustier wurde ich während meiner Arbeit für das Hofmarschallamt noch oft erinnert. Eines Tages entdeckte ich in einem der großen Papierstapel einen Zettel, bei dem es sich ganz offensichtlich um eine Notiz des Zweiten Hofküchenmeisters Honoré Langustier handelte. Datiert war die Notiz mit dem 23. Juli 1753. Diese Entdeckung erfreute mich außerordentlich, doch zunächst legte ich das Blatt beiseite, um erst einmal mit der Archivierung des königlichen Nachlasses fortzufahren. Aber ich hoffte auch, später noch weitere Notizen jenes Mannes zu finden, der einen so außerordentlichen Ruf genoss und den ich als Freund meines Vaters sehr schätzte.«

Am folgenden Tag erregte beim Sichten der Dokumente ein hervorstehender Aktendeckel die Aufmerksamkeit des Kastellans. Er fragte sich, ob wohl doch schon jemand vor ihm im Kellerarchiv gewesen war und sich eventuell noch jemand anderes für brisante Hofinterna interessiere. Oder war es reiner Zufall, dass diese eine Mappe aus dieser Unordnung besonders herausragte? Er nahm die Akte aus dem Regal und schlug sie auf. Sichtbar wurde eine Kabinettsordre des Königs an den Minister von Bismarck, wobei das Datum des Schriftstücks unleserlich war. Da stand geschrieben: *»Auf Euren Bericht vom 19. Dieses, den in großem Verdacht wegen begangenen Mordes und Beraubung auf öffentlicher Landstraße stehenden … Betreffend, gebe ich Euch zur Resolution, daß, wie ich in dergleichen Criminalfällen, die Tortur allemal, als ein theils grausames, theils aber ungewisses Mittel ansehe, die Wahrheit der Sache herauszubringen, Ich also das Erkenntniß des Berlinischen Criminal-Senats confirmiert und solches durch Vollziehung der hierbei zurückkommenden Expeditionen approbirt habe. Wobei ich Euch und der Eurer und der Criminal Dollegiorum Direction hierdurch nochmalen deklariere, daß wenn in dergleichen Criminalfällen, wo es auf die öffentliche Sicherheit ankommt, die Delinquenten durch klare Indicia oder durch Zeugen und andere ganz deutlich sprechende Umstände, überwiesen worden, so daß nichts an Richtigkeit des facti als nur alleine die eigene Confession des Delinquenten fehlet, welche sonnten aus letzterem durch die in den Gesetzen geordnete Tortur herauszubringen ist, sodann auf solchem Fall die gesetz-*

mäßige Todesstrafe sondern Bedenken von den Criminal Collegiis erkannt werden kann, ohne dass selbige nöthig haben, das eigene Bekenntniß eines schon ganz überführten Delinquenten zu erfordern und abzuwarten.«

Gleich danach entdeckte der Kastellan noch ein zweites Schriftstück, ebenfalls eine Ordre des Königs, diesmal vom 4. August 1754. Diese war an den Großkanzler von Cocceji gerichtet: »*Was aber, den zweiten Punkt wegen der Inquisiten anlangt, daß diejenigen, welche einen rechtlichen Verdacht gegen sich haben, durch die Tortur zum Bekenntniß gebracht werden sollen; so ist Euch darauf in Antwort, daß, nachdem Ich das grausame, und zugleich zur Herausbringung der Wahrheit sehr ungewisse Mittel der Tortur in dergleichen Fällen gänzlich abgeschafft habe, es also auch dabei sein Bewenden haben muß.«* Das Gelesene machte dem Archivar sofort bewusst, in welcher Situation sich der König damals befunden hatte und wie sehr ihn die Frage der Tortur, also der Folter, beschäftigt hatte. Es ließ aber auch ahnen, welche Aufgaben zum Beispiel den kochenden Detektiv Langustier bei seinen Ermittlungen unterlag und welchen Gefahren er ausgesetzt war, wenn er die speziellen Aufträge des Königs übernahm. Im Tagebuchbericht von Franz Heinrich Richter heißt es indes weiter:

»Obwohl mich das zeitliche Umfeld Langustiers und meines Vaters brennend interessierte, blieb für Ausflüge in die preußische Kriminalgeschichte wenig Zeit, denn die Arbeit, die ich vom Hofmarschall erhalten hatte, lag noch immer in den Regalen. Und dennoch sollte mich ein lange zurück liegender Kriminalfall während meiner Tätigkeit im Archiv ständig begleiten …

Nach einem langen Arbeitstag hatte ich meine Schwester Mathilde in ihrem kleinen Haus am Rand der Stadt besucht.

Nach dem Abendessen führte sie mich auf den Boden des Hauses und zeigte mir eine alte Truhe aus robuster Eiche, verriegelt durch ein schweres Schloss. Mit einem Schlüssel, den sie von ihrem Band löste, öffnete sie die Truhe und zeigte mir einen großen Rezepteschatz. In der Kiste lagen die letzten erhaltenen Rezeptzusammenstellungen meines Vaters. Meine Schwester meinte, sie hätte meine Begeisterung für die Arbeit im Archiv gespürt und wolle mir nun gern das Verbindungsglied zwischen meinem Vater, Langustier und dem König geben – sie habe nur auf den richtigen Zeitpunkt gewartet. Danach ließ sie mich allein, und ich stöberte in den alten Schriftstücken, Küchenzetteln und Kochanleitungen. Dabei kam mir eine Idee: Ich würde ein Kochbuch mit den gesammelten Notizen meines Vaters und Langustiers heraus bringen. Inmitten der Zettel stieß ich auf einen schweren Papierbogen, auf dem in geschwungenen handschriftlichen Lettern ›Martin Guerre‹ stand. Ich zog das Blatt vorsichtig heraus, fand aber zunächst nichts weiter, was mit ihm in Zusammenhang hätte stehen können. Was hatte es damit auf sich? Irgendwie kam mir der Name auch bekannt vor. Aber erst am nächsten Tag fiel mir ein woher.«

Der Kastellan hatte schlecht geschlafen, als er am nächsten Tag wieder seine Arbeit in den Kellern des Neuen Palais' aufnahm und so liest sich sein weiterer Bericht: »Wieder nahm ich Briefe, Papiere und Abschriften in die Hand, die noch aus der Rheinsberger Zeit des damaligen Kronprinzen Friedrich stammten. Die ersten Daten wiesen auf den August 1737 hin. Die Schriftstücke waren ziemlich staubig und teilweise verschnürt. Die meisten Bündel waren auf dem Deckblatt beschriftet, was eine erste grobe Zuordnung durchaus erleichterte. Andere Dokumente lagen lose auf den Regalbrettern. Zwar hatten sie kleinere Randbemerkungen, eine Einordnung schien jedoch zeitaufwendig und schwierig.

Zwischen all den losen Blättern stach eines heraus, eng beschrieben, in winzigen Buchstaben, so dass es selbst mir, der ich im Umgang mit alten Schriften geübt war, große Schwierigkeiten bereitete, das Niedergeschriebene zu enträtseln. ›Martin Guerre‹ konnte ich als erstes erkennen. Martin Guerre? Handelte es sich hier um Teile der Schrift, dessen Deckblatt ich in der Truhe meines Vaters gefunden hatte? Worum ging es hier? Mir fiel plötzlich ein, dass es vor rund zweihundert Jahren in Frankreich einen großen Kriminalfall um einen Mann dieses Namens gegeben hatte. Ich erinnerte mich, diese seltsame Geschichte hatte die Jahrhunderte überdauert. Ein Martin Guerre soll 1539, im Alter von elf Jahren, Bertrande von Rols geheiratet haben, die ebenso alt war wie er. Sie soll ein Mädchen gewesen sein, so las ich es hier, ›*das mit den Reizen einer seltenen Schönheit den Vorzug eines Verhaltens verband, das sie über alle Anfälle der Verleumdung erhob*‹. Acht oder neun Jahre lang wurde die Ehe dieses noch im Kindesalter stehenden Paares nicht vollzogen, und alle Verwandten glaubten, wie es damals Mode war, es sei Zauberei im Spiel. Die jungen Eheleute mussten geweihten Kuchen und Hostien essen, man ließ vier Messen durch vier verschiedene Priester für sie lesen. Alle erdenklichen Mittel wurden eingesetzt, um den angeblichen Fluch aufzuheben. Aber die Natur selbst übernahm die Entzauberung. Im Alter von zwanzig Jahren wurde dem Ehepaar ein Sohn geboren, den sie Sanxi nannten. Gespannt las ich weiter: ›*Nicht lange nach der Geburt dieses Knaben ließ Guerre sich gelüsten, seinem Vater einiges Getreide zu stehlen, und wurde entdeckt. Er fürchtete den Zorn seines Vaters und ergriff die Flucht, um den Folgen desselben zu entgehen. Acht ganze*

Jahre lang hörte man nicht das Geringste von ihm. Sein Vater starb inzwischen, und ein Vaterbruder namens Peter Guerre übernahm für den Abwesenden die Verwaltung des ihm zugefallenen väterlichen Erbtheils.‹

Erst jetzt erkannte ich, dass ich ein Manuskript aus Schillers ›Pitaval‹ in der Hand hielt. Wie kam das hierher und wie das offensichtliche Deckblatt in die Truhe meines Vaters? Sollte ich selbst, ungewollt und eher zufällig, in Langustiers Detektivrolle hineinwachsen und auf Erkundung gehen? Aber nein, ich musste mich disziplinieren.

Meine Aufgabe war klar: Ich hatte die Schriften Friedrichs II. zu ordnen, für kriminalistische Hobbyarbeit war da keine Zeit. Eifrig machte ich mich erneut an meine eigentliche Arbeit und fand eine sehr frühe Aufzeichnung aus dem Jahre 1739. Hier hatte wohl ein persönlicher Adjutant des Kronprinzen, dessen Name nicht bekannt gegeben wurde, eine Art Tagebuch mit brisantem Inhalt geführt. Notiert waren persönliche Eindrücke und Begebenheiten. Als man dies herausfand, mussten die Aufzeichnungen dem Kronprinzen Friedrich übergeben werden. Nach Aussagen von Beteiligten würdigte der diese in Deutsch verfassten ›Schmierereien‹, keines Blickes. So kamen die Dokumente als ›unbekannte Schrift‹ ins Archiv des Hofmarschallamtes.

Langsam und vorsichtig blätterte ich in den handgeschriebenen Seiten. Was ich daraus erfuhr, ließ mir die Zeit am kronprinzlichen Hofe in Rheinsberg zwischen 1737 und 1740 sehr lebendig erscheinen. Mich interessierte besonders all das, was mit der Küche, dem Küchenablauf, den Köchen, der königlichen Tafel und den entsprechenden Speiseplänen zusammenhing, schließlich konnte dies auch meinem Plan zu einem historischen Kochbuch dienlich sein. Oft musste ich mich disziplinieren, weil ich sonst nur nach diesen Begebenheiten geschaut und ganz meinen Auftrag vergessen hätte. Ich merkte schnell, dass die mir übertragene Aufgabe viel arbeitsintensiver war, als zunächst angenommen. So begann ich zu lesen.

Zur kronprinzlichen Mittagstafel in Rheinsberg lud man um zwei Uhr nachmittags. Sie dauerte ungefähr anderthalb Stunden. Friedrich liebte gute Speisen und interessante Gäste. Französische Köche bereiteten die Tafelfreuden vor. Insbesondere die vorzüglichen Pasteten des Bäckers erfreuten die Hofgesellschaft. Zweimal wöchentlich kamen aus Hamburg Austern und frischer Seefisch. Dazu wurde ein ausgezeichneter Wein gereicht. Der Kronprinz selbst trank sehr gern Champagner, aber seine Gäste durften sich auch ein Bier bestellen. Wenn die Gäste an der Tafel Platz genommen hatten, begann die Konversation. Es wurde gescherzt, gespottet und gehöhnt; in einer solchen Runde ertrug Friedrich mitunter sogar Widerspruch. Er war ein guter Gastgeber.

Nachdem die Tafel aufgehoben worden war, gingen die Herrschaften in ihre Gemächer, um Kaffee zu sich zu nehmen und sich ein wenig auszuruhen. Nachmittags trafen sich alle wieder an den Spieltischen im Vorzimmer der Kronprinzessin Elisabeth Christine. Gegen sieben Uhr abends lud der Gastgeber zum Konzert in die Musikkammer. Die im Herbst und Winter stattfindenden Konzerte, Theateraufführungen, Bälle und Maskeraden waren besondere Höhepunkte im höfischen Leben, bei denen sich der Kronprinz auch gern mal statt in seiner Uniform des Neuruppiner Regiments in einem edlen Maskenkostüm zeigte. Vom gleichen unbekannten Beobachter stammt ein Bericht über die Rheinsberger Tafelrunde.«

Rheinsberger Tafelrunde

Schon in seiner Kronprinzenzeit pflegte Friedrich geistreiche Gespräche. Zu seinen Tafeln lud er viele interessante gelehrte und philosophische Freunde ein, um sich in der Abgeschiedenheit des Rheinsberger Schlosses und seines Parks geistreich auszutauschen. Das bewegte Leben am Rheinsberger Hof, ganz auf die Interessen und Neigungen des Kronprinzen ausgerichtet, wird so beschrieben: »Alle, die auf dem Schlosse wohnen, genießen die ungezwungenste Freiheit. Jeder denkt, liest, zeichnet, schreibt, spielt ein Instrument, ergötzt oder beschäftigt sich in seinem Zimmer bis zur Tafel. Dann kleidet man sich sauber, doch ohne Pracht und Verschwendung, und begibt sich in den Speisesaal. Alle Beschäftigungen und Vergnügungen des Kronprinzen verraten den Mann von Geist. Seine Gespräche bei Tafel sind unvergleichlich. Er spricht viel und gut; es scheint, als wäre ihm kein Gegenstand zu fremd oder zu hoch. Über jeden findet er eine Menge neuer richtiger Bemerkungen. Er duldet den Widerspruch und versteht die Kunst, die guten Einfälle anderer zutage zu fördern. Er scherzt und neckt zuweilen, doch ohne Bitterkeit und ohne eine witzige Entgegnung übel aufzunehmen. Die Bibliothek des Prinzen ist allerliebst; sie ist in einem der Türme des Schlosses aufgestellt und hat die Aussicht auf den See und Garten. Sie enthält eine nicht zahlreiche, aber wohl gewählte Sammlung der besten französischen Bücher. Voltaires lebensgroßes Bild ist darin aufgehängt.«

Zum Freundeskreis des Kronprinzen gehörten auch Männer, die zwölf bis vierzehn Jahre älter waren als er. Charles Jordan, der französische Sekretär, war unter ihnen, auch das kulturelle Universaltalent, der Stallmeister Dietrich von Keyserlingk. Sie alle waren Männer um die Vierzig und einerseits noch jung genug, um zu geistigen Höhen fähig zu sein, andererseits aber so alt, dass sie aus ihren Erfahrungen leben und diese weitergeben konnten. Diese glückliche Kombination trug wesentlich zur Entwicklung des späteren preußischen Königs bei.

»Natürlich interessierte mich auch der Tagesablauf des Königs, von dem ich in den Aufzeichnungen bestätigt fand, was ich bislang gehört hatte. Danach stand Friedrich in der Regel um vier Uhr morgens auf und saß dann meist sechs Stunden an seinem Arbeitstisch im runden Turmzimmer des Rheinsberger Schlosses. Er erledigte die angefallene Post und las in philosophischen und französischsprachigen Büchern. Seine Gedanken hielt er sofort fest und schrieb sie mit dem Gänsekiel aufs Papier. Oft vergaß er die Zeit. Mit eisernem Fleiß wollte er die Lücken seiner Bildung, die er für sich bemerkt hatte, ausfüllen und war davon beseelt, ein fruchtbringendes Tagwerk zu vollbringen. Müßiggang lehnte er kategorisch ab. Wichtig für Friedrich waren die Studien der Philosophie, der Geschichte, der Sprachen und ihm stets eine gute Lektüre. Auch seine künstlerische Verwirklichung war wichtiger Bestandteil seines höfischen Lebens. Musik und Theaterspiel standen für ihn Zeit seines Lebens im Mittelpunkt. Er entwickelte eine ideenreiche, oft schon philosophische Tafelkultur, die neben den kulinarischen die geistigen Genüsse bei Tisch verband.

Friedrichs Bildung war durch den Einfluss seiner Mutter französisch orientiert. Die französische Sprache erschien ihm gegenüber der holprigen und schwerfälligen deutschen Sprache eleganter, feinfühliger und voller Ausdruckskraft. In jenen Rheinsberger Tagen begann auch der innige Briefwechsel zwischen Friedrich und dem französischen Schriftsteller Voltaire. Dieser war gleichfalls an einem solchen Austausch interessiert. Selbst als das innige Verhältnis später abkühlte, Friedrichs Verehrung für Voltaire erlosch niemals.

Unter den vielen Papieren fand ich schließlich auch ein Schriftstück mit einer ausführlichen Schilderung des Tagesablaufs des Königs, notiert von Dieudonné Thiébault, der zwanzig Jahre in Berlin gelebt hatte und des Öfteren zu Gast bei Friedrich II. war.

Thiébault wurde im Jahr 1765 als Professor für französische Grammatik nach Berlin berufen, um die Schriften Friedrich II. zu überarbeiten. Zwanzig Jahre blieb er am friederizianischen Hof und veröffentlichte 1804 in Paris seine Erinnerungen. Durch seine Tätigkeit und seine Gespräche in der Tafelrunde des Königs lernte er selbst viele Personen des Hofes kennen, darunter die Prinzessinnen und Prinzen, die Gesandten aus Frankreich, Österreich, England und Russland, die Mitglieder der Akademie der Wissenschaft und die Literaten, Philosophen sowie Generäle. Vor allem aber traf er mit Friedrich II. zusammen, mit dem er in einen intensiven Gedankenaustausch trat. Als Wissenschaftler analysierte Thiébault den Aufbau des Staates und der Verwaltung, aber auch die Post, den Transport und die Polizei. Als Literat charakterisierte er treffend, einfühlsam, aber auch keine Frivolität auslassend, die höfische Gesellschaft in Berlin und Europa. 1784 kehrte er nach Berlin zurück und bekleidete in seinen letzten Jahren den Posten des Archivrates und Bibliothekars.

Ihm fühlte ich mich gleich verbunden, denn nun durchforschte ich die Papiere. Vielleicht konnte ich in Thiébaults Aufzeichnungen noch mehr über den König und eventuell sogar über die Tätigkeit meines Vaters als Koch am Hofe erfahren.

Ich bemerkte mehrere Seiten, die mit einer roten Lasche gekennzeichnet waren. Kaum erkennbar war die Inschrift ›Höfisches Leben F.‹. Hier war ich also fündig geworden.«

Tagesablauf des Königs nach seiner Inthronisierung 1740

Friedrich selbst drängte es, die Staatsgeschäfte zu übernehmen; er wollte sich ausschließlich seinem neuen Amt widmen; er fühlte, dass es vor allem notwendig sei, seine Arbeit genau einzuteilen. Da jeder Tag eine neue Arbeit mit sich brachte, machte er es sich zum obersten Grundsatz, niemals etwas aufzuschieben. Sein zweiter war, dass das beste Mittel, um viel und gut zu arbeiten, eine streng durchgeführte Ordnung ist, die der Art und dem Umfang der zu bewältigenden Tätigkeit angepaßt sein muß ... Sobald er aufgestanden war, brachte der Page ihm den Korb mit den für ihn eingelaufenen Briefen, so wie die Kabinettssekretäre ihn geschickt hatten. Während er sie las, war er ganz allein, gewöhnlich bis gegen acht Uhr. Mit großer Sorgfalt prüfte er an jedem Brief die Siegel, ob sie auch noch unverletzt wären; denn er argwöhnte, nicht ohne Grund, dass die Kabinettssekretäre die ihnen verdächtig vorkommenden öffneten, um ihren Inhalt zu lesen und sie zu unterdrücken, wenn sie ihnen unbequem waren. Die Folge dieser Gewohnheit war, daß kein Mensch im ganzen Lande besser als er die Siegel der adeligen Familien und sogar von Privatleuten kannte. Eine weitere Folge war, dass er Briefe von Leuten, denen er nicht antworten wollte, oftmals gar nicht erst las, sondern auf die bloße Betrachtung des Siegels hin im Winter in das Kaminfeuer und im Sommer zerrissen unter seinen Tisch warf.

Gegen acht Uhr, wenn alles auf diese Weise gelesen, geprüft und verteilt war, trat einer der Kabinettssekretäre ein; stets nur ein einziger, oft der älteste oder jener, der bei Friedrich am höchsten in Gunst stand und deshalb als der erste galt. Dieser Sekretär, dessen Kollegen im Saal nebenan warteten, nahm die drei Pakete, eines nach dem anderen, und fasste, während der König frühstückte, den Inhalt eines jeden Briefes in einem einzigen ganz kurzen Satz zusammen, den er laut vortrug: »Der und der bittet um das und das.« Der König gab seine Antwort auf dieselbe lakonische Weise, abgesehen von den Fällen, bei denen eine längere Erklärung notwendig war.

Sein Frühstück war sehr einfach, es bestand für gewöhnlich nur aus Schokolade oder Früchten. Dagegen war mittags die Tafel sehr gut besetzt, denn Friedrich war, trotz seiner relativ sparsamen Lebenshaltung, ein Feinschmecker. Er schätzte die besonders raffiniert zubereiteten Gerichte sehr.

Von zehn Uhr an exerzierte der König oftmals sein Garderegiment oder eine andere Truppe der Potsdamer Garnison. An diesen Dienst schloss sich dann die Parade an. Oftmals konnte er diese zwei Stunden nützlicher verwenden, indem er sie seinen literarischen Arbeiten, der Musik oder seinem privaten Briefwechsel widmete. Punkt zwölf Uhr dinierte er mit den Gästen, die ihre Einladungen um zehn Uhr vormittags erhalten hatten. Seine Tischgenossen waren in der Regel Männer der Literatur, Hofleute, Generäle und die Prinzen von Braunschweig, die bei ihm lebten.

Beim Öffnen der zweiten Akte zum Thema des königlichen Tagesablaufes, fielen zwei lose Zettel auf den Dielenfußboden. Der Kastellan war hoch erfreut. Die kleinen Papiere entpuppten sich nämlich als Küchenzettel. Der erste stammte von der Mittagstafel des Königs am 17. Juli 1785, wenige Tage nach einer der regelmäßig stattfindenden Ministerkonferenzen im Schloss Sanssouci. Aufgeführt waren da ganz offenbar die Köche mit ihren jeweiligen Kreationen:

Henaut:	*1. Soupe à la jurdiniene*
Pfund:	*1. Du boeuf d´Hambourg*
Pfund:	*1. petis cpecerrés de Mouton glacez avec petit légeume et Saucisses (kleine Hammelstücke mit kleinem Gemüse und Wurst)*
Gausset:	*1. des épinars avec endouilles de fraise de Veau (eine Verbindung von Erdbeeren und Kalbfleisch)*
Blesson:	*1. Hachi à la Cloche à la Chateauroux, garni d´escaloppes mélé (Haschee mit Kirschen, Chateauroux und Fleisch)*
Schilger:	*1. Tourte des Carpes à la Chartreuse (Karpfenpastete nach Kartäuser Art)*
	1. Gebraten Reh
	1. Gebratene junge farschirte Hühner
Heutase:	*1. Roulade d`Anguille au persil còupé (Aalroulade mit Petersilie)*
Gausset:	*1. frieassé des Poulets et ris de Veau entouré de petis hattelets (Frikassee von Hühnern und Kalb)*
Schilger:	*1. des gatteaux à la Munniels*
Dionisius:	*1. Florentiner Kuchen*
Pfund:	*grüne Erbsen*
	Frische Heringe
	Saure Gurken
	und Salade

Auf einem zweiten Küchenzettel fiel zuerst das Datum auf. Es war der 5. August 1786, zwölf Tage vor dem Tod des großen Königs.

Den 5. August 1786, Mittags, Sr. Majestät Tafel.

Koch:	*1 Soupe aux Choux à la Fouqué +* *(Kohlsuppe nach Fouqué)*
Pfund:	*1 du Bohuf au pannais et corottes +* *(Paniertes Rind mit Karotten)*
Voigt:	*1 des Poulets en Kannelohn aux con zoom bares far cis au blanc à l'Angleiße (Hünchen gefüllt mit Gurke auf englische Art)* *(durchgestrichen und vom König ersetzt: des Côteletts dans du papier – Kotelett in Papier gedünstet)*
Dionisius:	*1 de Petits pâtés à la Romaine (kleine Pasteten nach römischer Art)* *1 gebratene junge Coleunen*
Pfund:	*1 du Saumon à la Dessau +* *(Lachs nach Dessauer Art)*
Blesson:	*1 de filés de Volaille à la Pompadour avec langue de boheuf et croquet (Geflügel mit Rinderzunge und Kroketten)*
Dionisius:	*1 Portugieser Kuchen (durchgestrichen, dafür: des Gauffres – Waffeln)*
Pfund:	*Grüne Erbsen +* *Frische Heringe +* *Saure Gurken*

Die Kreuze, die der König gemacht hatte, waren seine Zeichen, dass ihm das Gericht sehr geschmeckt hatte, glaubte der Kastellan sich zu erinnern und in sein Tagebuch schrieb er:

»Warum diese Zettel so lose zwischen den Akten lagen, lässt sich nicht mehr nachvollziehen. Sicher ist nur, dass die Küchenzettel mehrmals niedergeschrieben wurden. Für den Küchenschreiber, der die Zuteilung und Abrechnung vornahm, für die Köche und für den König selbst. Noch am 8. August 1786 soll der König seinen letzten Küchenzettel korrigiert haben.

Nach diesen Schilderungen fielen mir einige Bemerkungen meines Vaters ein, der ähnliches berichtet hatte. Die Änderungen, die der König vornahm, hatten nicht immer den gleichen Umfang wie die Speisezettel aus dem Jahre 1786. Friedrich hatte Phasen, in denen er ganz penibel die Küchenzettel analysierte und seine Bemerkungen hinter den Gerichten, die ihm schmeckten, machte. In anderen Phasen dagegen interessierte er sich überhaupt nicht dafür. Der Erste und Zweite Hofküchenmeister sprachen den Speiseplan einen Tag vorher mit dem König genau ab. Sie kannten auch die Präferenzen des Regenten und versuchten schon im Vorhinein die Zusammensetzung und den Ablauf entsprechend zu gestalten.«

Die Zeit im Archiv verging täglich wie im Fluge. Auch an diesem Abend war es spät geworden. der Kastellan wollte die Aufzeichnungen am nächsten Tag weiter lesen. Zum Abschluss dieses interessanten Tages wurde er aber noch mit einem weiteren Fundstück belohnt. Offensichtlich schätzte man die Arbeiten des Zweiten Hofküchenmeisters Langustier so sehr, dass man auch seine Rezepte im königlichen Archiv ablegte.

Langustiers beste Rezepte – Menü 1

Kartoffel-Zanderterrine mit Schnibbelbohnen-Salat

Suppe von grünen Erbsen mit Havelkrebsen

Blankett vom Kalb im Briochteig

Kurzgebratenes von Hase und Reh, mit
Rosenkohlblättern und Spätzle

Gefüllte Biskuitrolle

Kartoffel-Zanderterrine mit Schibbelbohnen-Salat

Zutaten für 4 Personen
500 g gekochte Kartoffeln
400 g Butter
200 g Sahne
50 g Pfifferlinge
200 g Zanderfilet
50 g Öl

Zubereitung
Kartoffeln kochen und ausdämpfen. Butter und Sahne lauwarm über die durchgepressten Kartoffeln geben und glatt rühren. Pfifferlinge fein schneiden und unter die Kartoffelmasse geben. Zanderfilet in Öl von beiden Seiten gut braten, kalt werden lassen und in Würfel schneiden. Diese Würfel vorsichtig unter die Kartoffelmasse geben und kalt werden lassen. Es ist von Vorteil, wenn die Terrinenform mit feuchter Klarsichtfolie ausgelegt ist, so lässt sich die Terrine leichter herausnehmen.

Für die Schnibbelbohnen-Salat
500 g Bohnen
150 g Zwiebeln
50 g Öl
¼ Bund Petersilie
Salz, Pfeffer, Zucker, Essig

Zubereitung
Bohnen putzen, schneiden und in etwas Wasser mit Salz und Zucker das Bohnenkraut zum Kochen ansetzen. Vor dem Kochen die in feine Würfel geschnittenen Zwiebeln dazu geben und dann weich kochen. Vor dem Kaltwerden Öl und Essig hinzu tun, abschmecken und das Bohnenkraut herausnehmen. Beim Anrichten mit gehackter Petersilie bestreuen.

Suppe von grünen Erbsen mit Havelkrebsen

Zutaten für 4 Personen
½ Bund Lauchzwiebeln
50 g Butter
30 g Mehl
1 l Brühe
300 g (Tiefkühl-)Erbsen
50 g Creme fraiche
10 g Zitronenmelisse (gelockt)
Salz, Pfeffer, Zucker
8 Havelkrebsschwänze

Zubereitung
Lauchzwiebeln waschen, putzen und in Streifen schneiden. In heißer Butter glasig dünsten. Mehl darüber stäuben und umrühren, dabei etwas ausschwitzen lassen. Brühe zugeben und zum Kochen bringen, Erbsen hinzu geben und 5 Minuten bei kleiner Hitze kochen. Mit dem Pürierstab die Suppe kurz durchmixen und durch ein Sieb passieren, mit Salz, Pfeffer und Zucker abschmecken. Heiß anrichten, mit Creme fraiche und Havelkrebsschwänzen garnieren und servieren.

Blankett vom Kalb im Briochteig

Zutaten für 4 Personen
800 g marinierte Kalbsoberschale, gewürfelt
1 l helle Fleischbrühe
100 g Möhren
100 g Porre
100 g Salbei
1 kleine Zwiebel
1 TL Gewürze (Lorbeer, Piment, Pfefferkörner)
50 g Butter
40 g Mehl
100 ml Weißwein
1 Eigelb
200 ml Sahne
Saft von einer Zitrone

Zubereitung
Das Kalbfleisch kurz in heißem Salzwasser blanchieren. Fleischbrühe mit Gewürzen und Gemüse ansetzen und das Kalbfleisch hinzugeben, ca. 40 Minuten garen und das Fleisch herausnehmen. Mit Mehl und Butter eine Roux schwitzen lassen, mit Weißwein ablöschen, mit der passierten Fleischbrühe auffüllen und 2 Minuten köcheln lassen. Aus Sahne und Eigelb eine Liaison herstellen, der fast fertigen Sauce zufügen und diese vom Herd nehmen. Mit Zitronensaft und eventuell mit Salz und Pfeffer abschmecken. Das noch warme Fleisch wieder in die Sauce geben und servieren.

Für den Briochteig
200 g Mehl
15 g Hefe
1 EL warmes Wasser
1 Prise Zucker
1 Ei
2 Eigelbe
1 Prise Salz
1 TL Milch
90 g Butter

Zubereitung
Das Mehl in eine Schüssel sieben, Zucker mit zerbröckelter Hefe und lauwarmem Wasser verquirlt dem Mehl hinzufügen und verrühren. 30 Minuten gehen lassen und nochmals durchwalken. Das Ei mit einem Eigelb und Salz verschlagen und dem Teig dazutun.

Den Teig zu großen und kleinen Kugeln formen, wobei man die kleinen Kugeln auf die großen setzt und fest andrückt. Den fertig geformten Teig nochmals 60 Minuten ruhen lassen und anschließend mit einer Mischung aus Milch und dem Eigelb bepinseln.

Bei 200 °C ca. 15 Minuten backen. Den ausgekühlten Briochleib waagerecht aufschneiden und das Kalbsblankett hinein füllen

Kurzgebratenes von Hase und Reh mit Rosenkohlblättern und Spätzle

Zutaten für 4 Personen
300 g Hasenrücken ohne Knochen
300 g Rehfilet
20 ml Öl
Panade, Salz, Pfeffer und Wacholder

Zubereitung
Hasenrücken und Rinderfilet panieren und scharf anbraten, mit Salz, Pfeffer und Wacholder würzen und ruhen lassen. Bei kleiner Hitze bis zum gewünschten Garpunkt führen.

Für den Rosenkohl
500 g Rosenkohl
50 g Tomaten, gewürfelt
20 g Butter
Salz, Pfeffer

Zubereitung
Den Rosenkohl von außen nach innen, Blatt für Blatt abzupfen und blanchieren. Die blanchierten Rosenkohlblätter in Butter anschwenken, Tomatenwürfel und Gewürze dazu geben und abschmecken.

Für die Spätzle
400 g Mehl
50 ml Milch
5 Eier
30 g Butter
Salz, Muskat

Zubereitung
Das Mehl in eine Schüssel sieben und mit den restlichen Zutaten zu einem glatten Teig verarbeiten. Den Spätzleteig durch eine Presse in siedendes Salzwasser drücken und ca. 2 Minuten ziehen lassen. Spätzle mit Butter, Salz und Muskat durchschwenken.

Zum Anrichten des Ganzen schneidet man das Fleisch an und legt es dekorativ an die Rosenkohlblättchen und die Spätzle.

Gefüllte Biskuitrolle

Zutaten für 4 Personen
4 Eier
120 g Zucker
1 EL Zitronenzucker
120g Mehl
50 g Butter
150 g Obstmarmelade

Zubereitung
Eigelb wird mit dem Zucker 30 Minuten verrührt, den Zitronenzucker untermischen sowie Mehl und Eischnee darunter ziehen. Ein Backblech wird mit Butter bestrichen und die Masse einen halben Zentimeter stark darauf gestrichen. Bei 125 °C in der Backröhre schön lichtbraun backen.

Den noch warmen Biskuitteig mit Obstmarmelade bestreichen, aufrollen und in Ringe schneiden, diese kann man im Ofen noch nachtrocknen. Je nach Belieben mit Glasur überziehen.

Unter die Menübeschreibung hatten sich auch Zettel befunden, auf denen nur Vorspeisen vermerkt waren, wie Franz Heinrich Richter noch bei der abendlichen Lektüre feststellte. Ein Bestandteil der festlichen königlichen Tafeln waren die verschiedenen Hors d'Œuvre, die Vorspeisen. Diese kleinen Köstlichkeiten wurden warm oder kalt vor dem Menü gereicht. Bei ihren Vorbereitung besprachen sich der Erste und Zweite Hofküchenmeister auch mit dem Hofmarschallamt. Dabei wurde festgelegt, welche Vorspeisen, eventuell vom König selbst, gewünscht sein könnten. Von den zumeist insgesamt zwölf Köchen am Hofe, die aus vielen Ländern kamen, konnte jeder etwas Einfluss nehmen und so konnte eine Vielzahl von Vorschlägen unterbreitet werden. Die Urheberschaft der hier gefundenen Rezepte war nicht ganz eindeutig, aber der Kastellan schlug sie kurzerhand Langustier zu.

Vorspeisen nach Langustier

Mariniertes Rindfleisch mit Rote-Bete-Salat, frischem Meerrettich und Schwarzbrot

Lauwarme Knoblauchpolenta mit Tomaten-Bärlauch-Salat

Ententerrine mit Pfefferkirschen

Perlhuhnroulade mit Stachelbeerkompott und Weinreduktion

Mariniertes Rindfleisch mit Rote-Bete-Salat, frischem Meerrettich und Schwarzbrot

Zutaten für 4 Personen
500 g Tafelspitz (vom jungen Rind)
1 l Fleischbrühe
100 g Karotten
100 g Sellerie
100 g Zwiebeln
50 g Lauch
Salz, Pfeffer, Piment, Lorbeer, Senfsaat
4 Schwarzbrotscheiben

Zubereitung
Die Brühe mit dem Gemüse und den Gewürzen aufkochen lassen. Mit Salz kräftig würzen und den zuvor panierten Tafelspitz hinzufügen. Bei kleiner Hitze sieden lassen und nach ca. 60 Minuten, wenn das Fleisch gar ist, die passierte Brühe und den gekochten Tafelspitz zusammen kühl stellen. Den Tafelspitz im kalten Zustand in dünne Scheiben schneiden.

Für die Marinade:
40 ml Rapsöl
20 ml Weißweinessig
1 EL gehackte Blattpetersilie
1 TL gehackter Schnittlauch
1 TL Honig
1 EL Meerrettich gerieben
Salz, Pfeffer

Zubereitung
Alle Zutaten in ein hohes Gefäß geben und mit dem Pürierstab durchmixen. Die so entstandene Marinade über das geschnittene Fleisch geben und mit Schwarzbrot servieren.

Für den Rote-Bete Salat:
300 g gehackte Rote Bete
50 g Zwiebelwürfel
1 rote Paprika
1 gelbe Paprika
1 Stange Frühlingslauch
30 ml Lausitzer Leinöl
20 ml Birnenessig
10 g Honig

1 TL Meerrettich gerieben
Salz, Pfeffer

Zubereitung
Die Roten Rüben und die Paprikaschoten fein würfeln und zusammen mit dem geschnittenen Lauch beiseite stellen. In einer Pfanne das Öl erhitzen, die Zwiebelwürfel darin schwitzen lassen. Die restlichen feinen Gemüsewürfel hinzufügen. Mit Birnenessig, Honig, Pfeffer und Salz abschmecken und kurz durchschwenken. Den Frühlingslauch darüber streuen und zusammen mit dem frisch geriebenen Meerrettich auf dem Schwarzbrot anrichten. Das marinierte Rindfleisch mit anlegen und noch zusätzlich etwas von der Marinade darüber gießen.

Lauwarme Knoblauchpolenta mit Tomaten-Bärlauch-Salat

Zutaten für 4 Personen
40 g Zwiebelwürfel
2 Knoblauchzehen
1 Zweig Rosmarin
1 Salbeiblatt
150 g Polentagries (Maisgries)
400 ml Fleisch- oder Gemüsebrühe
400 ml Milch
70 g Parmesan

2 Eigelbe
20 g Mehl
40 g Butter
Salz, Pfeffer, Muskat

Zubereitung
Die Zwiebelwürfel mit dem fein gehackten Knoblauch, Rosmarinzweig und dem Salbeiblatt in Butter glasig schwitzen, mit Brühe und Milch auffüllen. Unter ständigem Rühren den Gries hinzufügen. Bei schwacher Hitze und ständigem Rühren fünf Minuten köcheln lassen, mit dem Deckel abdecken und 60 Minuten quellen lassen. Die Kräuter der fast festen Polenta entnehmen und Eigelb mit dem frisch geriebenen Parmesan unterarbeiten. Die Masse auf ein gebuttertes Blech streichen und kühl stellen. Die kalte Polenta in die gewünschte Form bringen, in Mehl wenden und in Butter goldgelb braten.

Für den Tomaten-Bärlauch-Salat
400 g Tomaten
1 Bund Bärlauch
50 g Zwiebelwürfel
70 ml Olivenöl
30 g Pinienkerne
30 g Parmesan
10 ml heller Balsamico-Essig
Pfeffer, Salz

Zubereitung
Tomaten in feine Scheiben schneiden, salzen und pfeffern. Aus gezupftem Bärlauch, Zwiebelwürfeln, Pfeffer, Salz, Olivenöl, Parmesan und gerösteten Pinienkernen in der Küchenmaschi-

ne bzw. mit dem Pürierstab eine breiartige, kräftige Pesto herstellen. Diese kann nach Geschmack mit Essig verfeinert werden. Die Tomaten um die mittig angerichtete Polenta legen und großzügig mit Pesto bestreichen.

Ententerrine mit Pfefferkirschen

Zutaten für 4 Personen

300 g Entenfleisch
100 g Schweinekamm
50 g durchwachsener Speck
100 g Entenleber
10 g Butterschmalz
1 Ei
250 g Creme fraiche
2 cl Weinbrand
2 cl Portwein
30 g Pistazien
200 g fetter Speck, sehr dünn geschnitten

Zubereitung

Fleisch von der Ente und dem Schweinekamm zweimal durch die feine Scheibe des Wolfes drehen und kalt stellen. Den durchwachsenen Speck in Würfel schneiden. Entenleber in Butter kurz anbraten und würzen. Die durch den Wolf gedrehte Masse mit Ei und Salz würzen und gut durchkneten. Mit einem Holzlöffel das kalte Creme fraiche langsam unterheben. Mit

Pfeffer, Portwein und Weinbrand abschmecken. Die Pistazien, Leber und Speckwürfel zugeben und kalt stellen. Die dünnen Speckscheiben in die Terrine legen und an den Seiten überstehen lassen. Die Füllung einschichten, glatt streichen und die Speckenden darüber schlagen. Die abgedeckte Terrine im Wasserbad bei 160 °C ca. 45 Minuten im Ofen garen und noch im Ofen abkühlen lassen. Das Ganze über Nacht kalt stellen.

Für das Gelee
200 ml Brühe
3 cl Sherry
3 Blatt Gelatine
Salz, Pfeffer

Zubereitung
Die Brühe erhitzen, mit Sherry abschmecken. Gelatine, die fünf Minuten im kalten Wasser eingeweicht wurde, ausdrücken und unter die heiße Flüssigkeit geben. Das Gelee kräftig würzen, kalt stellen, kurz vor dem Festwerden über die Ententerrine geben und nochmals kalt stellen.

Für die Pfefferkirschen
300 g Sauerkirschen
50 g Pfeffer
50 g Maisstärke

Zubereitung
Kirschen mit etwas Kirschsaft und dem klein gehacktem grünem Pfeffer kurz aufkochen. Maisstärke in etwas kalten Kirschsaft lösen und die Kirschen hinzugeben. Zusammen mit der kalten Ententerrine servieren.

Perlhuhnroulade mit Stachelbeer-kompott und Weinreduktion

Zutaten für 4 Personen
4 Stück Perlhuhnbrüste, je ca. 100 g
100 ml Sahne
1 TL Kurkuma
½ Bund Schnittlauch
Salz, Pfeffer

Zubereitung
Perlhuhnbrüste abputzen, bis zur Hälfte einschneiden und vorsichtig auf Frischhaltefolie plattieren. Aus den Abschnitten des Fleisches (ca. 80 g) mit Sahne, Kurkuma, Pfeffer und Salz in der Küchenmaschine eine Farce herstellen, welche auf die gewürzten und plattierten Perlhuhnbrüste gestrichen wird. Auf die Farceschicht in gleichmäßigen Abständen Schnittlauch legen. Die Roulade jetzt mit Hilfe der Frischhaltefolie eindrehen und mit Alufolie zu einem Knallbonbon fest fixieren. Diese Knallbonbons jetzt im Wasserbad bei ca. 90 °C für 25 Minuten pochieren.

Für das Stachelbeerkompott
200 g Stachelbeeren
30 g Butter
30 g Honig
50 ml Weißwein
½ Chilischote
100 ml Maracujasaft
15 g Stärke

Zubereitung
Butter und Honig karamellisieren lassen und mit Weißwein ablöschen. Mit dem Saft aufgießen und dann einkochen lassen. Mit Stärke, die zuvor mit kaltem Wasser angerührt wurde, abbinden. Die fein gehackte Chilischote und die halbierten Stachelbeeren hinzufügen. 5 Minuten köcheln lassen und kalt stellen.

Für die Weinreduktion
Rotwein
Portwein
Zucker
Salz, Pfeffer

Zubereitung
Den hellen Zucker im Topf bei mittlerer Hitze zerlaufen lassen, zu gleichen Teilen mit Rotwein und Portwein ablöschen. Auf etwa ein Fünftel einkochen, mit Salz sowie Pfeffer abschmecken und kalt stellen.

Die Rouladen auspacken und diagonal halbieren, zu zwei Türmchen aufstellen. Diese zusammen mit dem Kompott und der Reduktion dekorativ anrichten.

Am nächsten Tag, der Kastellan Franz Heinrich Richter hatte seinen ersten Gang durch das Berliner Schloss bereits hinter sich, betrat er wieder die ihm inzwischen vertraut erscheinenden Kellerräume mit den Dokumentenbergen. Er setzte sich auf den knarrenden Stuhl und schlug die vor ihm liegenden

Akten auf. Was er zunächst fand, bereitete ihm jedoch einiges Kopfzerbrechen, wie er später selbst notierte: »Als wäre es dort erst vor kurzem platziert worden, lag da zunächst ein weiteres Schriftstück mit ›Martin Guerre‹ überschrieben. Schon wieder Guerre? Was hatte das nur zu bedeuten? Es hatte den Anschein, als würde mich irgendjemand zum Lesen von Schillers Manuskript einladen wollen. Ich konnte nicht anders, ich musste mich wieder in die Geschichte jenes Martin Guerre vertiefen.«

Nach der Geburt seines Sohnes war Martin Guerre vor dem Zorn seines Vaters geflohen. Nach acht Jahren seiner Abwesenheit erschien auf einmal ein Mann, der nicht nur den Namen des Entwichenen trug, sondern ihm auch äußerlich sehr ähnlich war: »*Bertrande von Rols, die während der langen Zeit ihrer Wittwenschaft sich einen unbescholtenen Ruf erhalten hatte, erkannte ihn sogleich für ihren Mann und räumte ihm ohne Bedenken Wohnung und Tisch und Bette wieder ein. Vier Schwestern des Martin Guerre erkannten sämtlich diesen Ankömmling für ihren Bruder. Peter Guerre nahm ihn als seinen Neffen auf. Mit einem Wort, die ganze Familie empfing ihn als ihren Verwandten, und es fiel niemand unter ihnen ein zu zweifeln, daß er derjenige wirklich sei, für den er gehalten wurde. Seine alten Freunde und seine ehemaligen Gespielen erkannten ihn, er erinnerte sich an allerlei Umstände ihres Lebens; er spielte in seinen Gesprächen auf bekannte Geschichten an. Kurz, er benahm sich unter ihnen mit der Unbefangenheit und Vertraulichkeit, die sich nur im Umgang der engsten Freundschaft findet. So lebte er einige Jahre mit der größten Sicherheit in dem Besitze seines Glücks.*« Vielmehr als dieses recht kurze Zitat enthielt das diesmal gefundene Papier nicht.

Richter fragte sich, wo die anderen Manuskriptteile sein könnten und wer ihm die Auszüge aus Schillers »Pitaval« in die Akten gelegt haben könnte. An einen Zufall wollte er nicht mehr recht glauben. Etwas unsicher geworden, widmete er sich erneut seiner eigentlichen Arbeit. Dieser Tag sollte für ihn noch mehr Details über die Tischgewohnheiten des Königs ans Licht bringen: Und so las er es in den Papieren und ihm war nicht gleich klar, von wem die Aufzeichnungen stammten.

»Schlag zwölf Uhr wurde angerichtet. Es wurde an verschiedenen Tafeln gespeist. Nur zwei Gänge, nur acht Schüsseln, selbst an des Königs Tafel (acht gleichfalls an der Marschalls- oder zweiten Tafel), sieben bis zehn Tischgenossen. Das Essen ist reichlich und schmackhaft (denn der König hat seine Lieblingsgerichte) keineswegs prachtvoll – der festgestellte Küchenetat für die drei Tafeln betrug 12.000 Taler jährlich.

Die Tafel dauerte zwei Stunden – wenn die Unterhaltung angenehm war, konnte sich diese auch wohl auf vier Stunden ausdehnen. Des Königs große Leidenschaft war die Unterhaltung von der rechten Sorte. Er selbst spricht viel, trinkt dabei Wasser und Wein bis zuletzt. Mit einer Verbeugung des Königs endet die Tafel, vielleicht nach kurzem zögerndem Wort mit dem Einen oder dem Andern, verschwinden langsam die Gäste, und der König zieht sich in seine Gemächer zurück.«

Der Kastellan musste beim Durchgehen der Dokumente immer wieder auch an seinen Vater denken. Heinrich Hermann Richter hatte seinen Kindern nur wenige Rezepte und Rezepturen aus der königlichen Küche hinterlassen. Er führte kein Tagebuch und nahm sich auch keine Zeit für aufwendige Korrespondenzen. Deshalb war es für den Sohn so wichtig, alles zu registrieren, was im Zusammenhang mit der Arbeit des Kochs stand – also alle Aufzeichnungen über Küche und Kochkunst. Und so erweckten erneut die Aufzeichnungen des schon erwähnten Thiébault seine Neugier:

»Übrigens war die Mittagsmahlzeit für ihn (König Friedrich) eine Zeit der Erholung; er war dabei fast immer heiter und zum Plaudern aufgelegt. Wenn er keinen Spaziergang beabsichtigte, dehnte er die Tafel bis drei Uhr aus; bei schönem Wetter aber und wenn er spazieren wollte, blieb er nur eine Stunde am Tisch sitzen. Beim Nachtisch erschien der Küchenmeister, überreichte eine Tafel und einen Bleistift, und der König ordnete selbst die Speisefolge für den nächsten Tag an. Der Küchenmeister mußte bei diesem Dienst stets im tressenbesetzten Rock erscheinen. Friedrich liebte besonders Pasteten und Käse. Die berühmtesten Käsesorten ließ er aus allen Ländern für seine Tafel kommen, oft mit bedeutenden Kosten. Er verlangte alle Gerichte sehr scharf gewürzt, sogar die Suppe.«

In den Dokumenten waren auch einige Notizen der königlichen Ärzte zu finden. Es ist wohl anzunehmen, dass ein König, der so sehr dem guten Essen verfallen war, irgendwann gesundheitliche Probleme bekommen würde. So klagten die Ärzte über die Diätfehler des Königs: »Der König«, so berichtete der General Görtz dem hannöverschen Leibarzt Ritter Zimmermann, »hatte heute, den 30. Juni, sehr viel Suppe zu sich genommen und diese bestand wie gewöhnlich in der allerstärksten und aus den hitzigsten Sachen gepreßten Bouillon. Zu der Portion Suppe nahm er einen großen Eßlöffel voll von gestoßenen Muskatblüten und gestoßenem Ingwer. Er aß sodann ein gutes Stück Bœuf à la Russe-Rindfleisch, das mit einem halben Quart Branntwein gedämpft war. Hierauf setzte er eine Menge von einem italienischen Gericht, das zur Hälfte aus türkischem Weizen und zur Hälfte aus Parmesankäse besteht. Dazu gießt man den Saft von ausgepreßtem Knoblauch und dieses wird in Butter solange gebacken, bis eine harte, eines Fingers dicke Rinde umher entsteht. Und diese von Lord Marishal in Sanssouci zuerst angegebene, aber von dem König emendierte und korrigierte Lieblingsschüssel hieß Polenta. Endlich beschloss der König, indem er den herrlichen Appetit lobte, den ihm der von Ihnen angeratene Löwenzahnsyrup machte, die Szene mit einem ganzen Teller von einer Aalpastete, die so hitzig und so würzhart war, daß es schien, sie sei in der Hölle gebacken.«

Weiter war zu lesen, dass der König noch an der Tafel einschlief und heftige Konvulsionen bekam. Da war Friedrich immerhin schon ein vierundsiebzigjähriger Greis. Zu anderen Zeiten aß der König unvernünftigerweise eine Unmenge von füllenden und blähenden Früchten, besonders Melonen, und allerlei Zuckerwerk.

So sehr Franz Heinrich Richter die Kochkünste seines Vaters schätze, so sehr hatte er sich jedoch stets auch vor all zu fetten Speisen in Acht genommen. Die Köche waren wohl auch des Königs Feinde – blitzte ein Gedanke kurz durch seinen Kopf.

Viele der Akten, die hier zu sortieren waren, protokollierten die zahlreichen Festlichkeiten des Hofes. Der Kastellan blätterte eine Akte mit der Aufschrift »Hoffeierlichkeiten« durch. Er selbst notierte für sich: »Mein Vater hatte mir über solche Feste wenig erzählt, aber wenn diese stattfanden, ging es in der Hofküche hoch her. Die Aufgaben waren klar verteilt, die Zeit deutlich bemessen und alles musste klappen wie am Schnürchen.«

Ab dem Jahre 1740 nahm Friedrich II. an allerlei Festlichkeiten teil und ließ selbst solche ausrichten. Die Karnevalfeierlichkeiten oder der Besuch besonderer Gäste wie seiner Schwester Wilhelmine bedeuteten größere Feste, die eine Woche oder auch länger dauern konnten. All jene Lustbarkeiten waren mit Theaterspielen, Opern, Bällen und Tafelgenüssen verbunden. Der König liebte die Zusammenkünfte und beteiligte sich auch daran. 1763, nach dem Ende des Siebenjährigen Krieges, sollte sich dies jedoch ändern. Friedrich wollte sich konzentriert und zurückgezogen den Staatsgeschäften und seinen Interessen widmen – ohne jeden fremden Einfluss. Nach diesem langen Krieg war er desillusioniert, oft zweifelte er an sich und seinem Lebenswerk und sah gar sein Ende nahen.

An die Gräfin Carmas schrieb er: »Es thut mir zwar außerordentlich leid, dass ich mich hier Ihrer nicht erfreuen kann; allein ich finde, daß Sie vollkommen Recht haben, Sich zu schonen, und im Grunde würde ich hier Ihren lieblichen Umgang sehr wenig genießen können, denn wir befinden uns wie auf einer allgemeinen Versammlung des Heiligen Römischen Reiches, umringt von dreißig Prinzen und Prinzessinnen, und dann verhindern mich auch meine Gebrechlichkeiten, an allen Gastereien Theil zu nehmen. Bei den großen Feierlichkeiten bin ich zugegen, und in den Zwischenräumen suche ich mich etwas zu erholen. … Ich, der ich auf einem Beine umherhinke, ungefähr wie eine Schildkröte, ich schaue den Wettrennen zu, wie ein Gichtbrüchiger einem Ballette des Denis. … Ich verbleibe auf ewig der älteste Ihrer Anbeter.«

Als Richter diese traurigen Zeilen des Königs las, wurde ihm bewusst, wie einsam dieser Mann gewesen sein musste, der trotz der vielen Empfänge und Bälle ein Land zu regieren hatte und nicht nur den Speiseplan seiner königlichen Küche.

Zunächst jedoch mussten die Papiere zu den höfischen Feierlichkeiten in eine Ordnung gebracht werden.

Feierlichkeiten am friderizianischen Hof

Eines der größten Ereignisse des Jahres war der so genannte Karneval in der Mitte des Dezembers. Der Karneval war eine bestimmte Ordnung winterlicher Hoffestlichkeiten in Berlin, die alljährlich den Adel des Landes wie auch fremdländische Fürsten anzog. Den Anfang machte stets der große Empfang bei der Königinmutter im Schloss Monbijou. Später folgte dann ein Fest bei der regierenden Königin Elisabeth Christine.

Nachdem der König im Schloss angekommen war, begab sich die gesamte königliche Familie zu Tisch. Nach der Tafel zog sich Friedrich II. zu seiner Arbeit zurück. In den folgenden Tagen kam es zu Opern- und Schauspielaufführungen. Bälle und Mummenschanz bestimmten die bei der gesamten Hofgesellschaft beliebten Lustbarkeiten.

Die Feierlichkeiten liefen in einer immer wiederkehrenden Ordnung ab. Im Jahre 1748 begann der Karneval am 8. Dezember:

Sonntag (den 8. Dezember) erste Cour bei der regierenden Königin
Montag, Oper »Sinna«
Dienstag, Redoute
Mittwoch, französische Komödie
Donnerstag, Cour bei der Königin Mutter
Freitag, Oper »Iphigenia«
Sonnabend, Ball

1763 beendete Friedrich II. den Siebenjährigen Krieg und nahm selbst auch wieder an den Hoffestlichkeiten des Karnevals teil. In jenem Jahr war das Programm besonders umfangreich:

Sonntag (den 18. Dezember), Cour bei der Königin
Montag, Oper auf dem Schlosstheater
Dienstag, eine französische Komödie
Mittwoch, Apartment bei der Prinzessin von Preußen
Donnerstag, Redoute im Opernhaus
Freitag, Oper auf dem Schlosstheater
Sonnabend, Ruhe
Die in diesem Jahr aufgeführten Opern waren:
1) I portentosi Effetti Della Madre Natura
2) La Macstra di Scuola
3) La Cascina
4) Li Motti per Amore

1785 begann der Karneval erst am 26. Dezember und wurde von bisher sieben auf nunmehr fünf Tage reduziert:

Sonntag, Cour bei der Königin
Montag, Oper »Artemisia«
Dienstag, Redoute
Donnerstag, Cour bei der Königin
Freitag, Oper »Orest und Pilades«

Wie am Hofe bekannt war, betrachtete der König die Teilnahme am Karneval als seine Pflicht. In jüngeren Jahren bereiteten ihm diese Festlichkeiten große Freude, doch seitdem er ins Feld zog, versagte er es sich, an derartigen Feierlichkeiten teilzunehmen. In den späteren Jahren seines Lebens entzog er sich immer stärker dem turbulenten Trubel im Berliner Schloss und freute sich immer mehr auf seine Heimfahrt nach Potsdam. 1785, ein halbes Jahr vor seinem Tod, nahm Friedrich II. schließlich aus gesundheitlichen Gründen nicht mehr am Karneval teil.

Jedoch im Jahre 1753 fanden von Mitte November bis Mitte Dezember eine Reihe von Bühnenaufführungen nach dem Geschmack des Königs statt. Dieses Fest ging später als »Karneval von Potsdam« in die Geschichte ein.

Neben dem Karneval gab es hin und wieder auch Bälle auf Einladung des Königs. Sein Kammerherr Fredersdorf fragte Friedrich II. am 6. August 1748, ob er 100 oder 200 Kavaliere und Damen außer der Hofgesellschaft einladen solle. Am gleichen Tag antwortete der König, dass 50 oder 60 Personen zum Ball aus finanziellen Gründen tausendmal besser seien. Die Auswahl der Einzuladenden, im Rahmen einer von ihm genehmigten Liste, überließ er dann seinem Kammerherrn.

Fest in Charlottenburg, 1748

Am 29. August 1743 wurde ein großes Fest in Charlottenburg mit Konzerten und Illumination veranstaltet. Bis zum 12. August 1748 fanden im Charlottenburger Schloss noch verschiedene Feste statt, darunter zwei Vorstellungen von »Galatea und Alcides« und das Intermezzo »Il matrimonio per forza«. Zu diesem Fest waren nicht nur die Königinmutter, die Königin Elisabeth Christine und sämtliche Prinzen und Prinzessinnen eingeladen, sondern auch der Herzog von Holstein-Beck, Maupertuis, d'Argens, Keith, Lord Marschall, alle fremden

Gesandten sowie Personen des Hofes und des höheren Adels. Im Vorfeld hatte es dabei mehrere Disharmonien gegeben – wie der Archivar feststellen musste. So wurden zwar die Königinmutter und auch Friedrichs unverehelichte Schwester, Prinzessin Amalie, zu den Festlichkeiten in Charlottenburg eingeladen und meldeten auch prompt 45 Personen Gefolge und Dienerschaft an, die regierende Königin dagegen hatte man nicht mit einer Einladung bedacht. Sie war dennoch mit fünf Personen »Suit« gekommen.

Die Notizen zu den Festen bei Hofe schienen in den Papierbergen kein Ende nehmen zu wollen und so füllte sich die Mappe, die der Kastellan dafür angelegt hatte, mit weiteren detaillierten Ausführungen.

Hoffeierlichkeiten im Schloss Charlottenburg, 1750

Glänzende Hoffeierlichkeiten fanden zu Ehren des Bayreuther Markgrafenpaares und Voltaires vom 15. August bis zum 22. August 1750 im Charlottenburger Schloss statt. Außer den sonst üblichen höfischen Gästen nahmen diesmal auch der Erbprinz und die Erbprinzessin von Hessen-Darmstadt, der Markgraf und die Markgräfin von Schwedt, Erbprinz Adolf Friedrich von Mecklenburg-Strelitz-Mirow, Fürst Moritz von Dessau und sämtliche Prinzen und Prinzessinnen des königlichen Hauses nebst vielen anderen hohen Personen teil.

Auch Voltaire war nach Charlottenburg gekommen, nachdem er am 13. August vom König zum Kammerherrn ernannt worden war und den Orden pour les mérites erhalten hatte. Die Orangerie wurde am 15. August zum Aufführungsort für das Schauspiel: »Don Tabarano«. Am nächsten Tag unterhielten sich die Herrschaften mit einem Konzert und am 17. August wurde die französische Komödie »Le mauvais Riche« von d'Arnaud gespielt.

Am folgenden Tag erhellte zu später Stunde ein prachtvolles Feuerwerk den Himmel über dem Schloss. Das Schauspiel »Il conte imaginario«, die Illumination des Schlosses und des Parks sowie ein Ball folgten an den nächsten Tagen. Der König kam am 21. August zu einem kurzen Intermezzo, um einen Tag später eine große Tafel zu geben.

Die Festlichkeiten wurden dann mit der Aufführung der Oper »Phaeton« in Berlin fortgesetzt und am Abend des 25. August wurde der gesamte Lustgarten mit 30.000 Lampen und Fackeln illuminiert. Am Abend desselben Tages gab Friedrich im Berliner Schloss wiederum eine große Festtafel, deren Abschluss ein großer Maskenball bildete. Damit war es aber noch nicht vorbei mit den Feierlichkeiten. Am 26. August wurde die Oper »Iphigenia« aufgeführt und ein großes Fest im Schloss Monbijou bei der Königinmutter gegeben. Das Karussell, das man zuvor seit einhundert Jahren nicht mehr gesehen hatte, kam wieder wie schon am Vorabend zum Einsatz. Den Abschluss zwischen dem 28. und 30. August bildeten erneute Operaufführungen von »Iphigenia«, die Tafel beim Prinzen von Preußen sowie ein Ball und eine große Tafel, wiederum im Schloss Monbijou.

Am 10. Oktober 1743 wurde die erste Redoute, ein Maskenball, in der fertig gestellten Oper Unter den Linden nach der Aufführung der Oper »La Clemenza di Tito« von Metastasio und Hasse veranstaltet. Bereits zur Vorstellung mussten sämtliche Zuschauer in Masken erscheinen. Ein ungewöhnliches Bild bot sich da von der Gesellschaft im Opernhaus. Maskenbälle gab es noch zu anderen Gelegenheiten. Zu Ehren des 21. Geburtstages seines Bruders gab Friedrich II. am Abend des 9. August 1742 im Schloss Monbijou einen prächtigen Maskenball.

Andere Gelegenheiten für opulente Feste waren zum Beispiel Vermählungsfeierlichkeiten. So die des königlichen Bruders Prinzen August Wilhelm mit der Prinzessin Louise Amalie, der Tochter des Herzogs Ferdinand Albert von Braunschweig, am 6. Januar 1742 in Berlin. Baron Bielefeld, der auf Befehl Friedrichs die Strohkranzrede hielt, schildert in seinen Briefen die Festlichkeit und die Kleidung der Gäste. Zur Ausstattung schrieb er: »Das Kleid des Königs bestand aus einem ganz silbernen Stück; er trug ein Achselband, die Weste und Aufschläge aber waren von prächtigem, mit Gold und Silber durchwirktem Stoffe. Alles dieses wurde durch das gelbe Ordensband und durch den Stern noch mehr erhöht und gab diesem Monarchen ein so junges, so geputztes und so schönes Aussehen in meinen Augen, dass ich mich nicht würde haben enthalten können, ihn zu lieben, wenn ich von dem andern Geschlecht gewesen wäre.«

Am 25. Juni 1752 begann im Schloss Charlottenburg die Vermählung des Prinzen Heinrich mit der Prinzessin Wilhelmine von Hessen-Kassel. Diese Feierlichkeiten dauerten bis zum 28. Juni an. Die aufgeführte Oper hieß »Das Urteil des Paris«.

Das Vermählungsfest des Fürsten Franz von Dessau mit Luise von Brandenburg-Schwedt im Jahre 1767 zeigte nach einem Bericht des Gesandten Lord Malmesbury die Sparsamkeit, die Friedrich II. auch bei solchen Festen an den Tag legte. So schilderte der Lord, dass alle Gemächer mit Ausnahme der zum Souper oder zum Kartenspiel bestimmten, durch eine einzige Kerze beleuchtet waren. Das Souper selbst sei eher mittelmäßig und ohne Dessert gewesen. Selbst die Weine waren äußerst schlecht und dazu auch noch knapp bemessen.

Am 6. September 1768 vermählte sich Prinz Friedrich August von Brandenburg mit der Prinzessin Friederike von Württemberg-Oels. Das Fest mit der dazugehörenden großen Tafel fand ebenfalls beim König statt. Danach wurde die Oper »Il ratto di Sposa« gegeben und anschließend ein Ball.

Für Bälle, die veranstaltet wurden brauchte es aber nicht immer solche Anlässe. Am 9. August 1752 eröffnete der König einen Sommerball in Sanssouci, der bereits am Vortag mit dem Intermezzo »Der Weltweise« eingeleitet wurde. Bis zum 10. August dauerte das Vergnügen, wobei das Schloss Sanssouci hell am Abend stets illuminiert war.

Die Schauspiele im Sommerschloss wurden gewöhnlich Intermezzi genannt. Ihre Aufführungen waren meist mit einer großen Tafel verbunden. So fand ein solches Intermezzo am 29. Juli 1755 wieder mit einer abendlichen Illumination statt. Das ging in den folgenden Jahren immer so weiter.

Franz Heinrich Richter bemerkte plötzlich, dass er die aufgefundenen Dokumente zwar feinsäuberlich zusammengelegt, dabei aber die Chronologie der Ereignisse ganz außer Acht gelassen hatte. Er nahm sich vor, dies zu einem späteren Zeitpunkt in Ordnung zu bringen. Zunächst aber zog ein weiteres Schriftstück seine ganze Aufmerksamkeit auf sich, denn es führte ihn wieder zu den königlichen Küchengeschichten.

Festliche Tafeln im Neuen Palais

Am 11. Juli 1775 gab der König in seinem neu errichteten Schloss Sanssouci ein großes Fest. Die Feierlichkeiten fanden im Neuen Palais statt. Viele Gäste waren geladen: Unter anderen Prinz Friedrich von Braunschweig mit Gemahlin, der Bruder des Königs Prinz Ferdinand, die regierende Landgräfin von Hessen-Kassel, Prinz Friedrich Ludwig von Württemberg, die Gemahlin des Herzogs Eugen von Württemberg und Tochter des Markgrafen Friedrich Wilhelm von Brandenburg-Schwedt sowie der Prinz und die Prinzessin von Preußen. Anwesend waren ebenso die Generäle von Prittwitz und von Leutulus, der Abt Bastiani und der Herzog von Hamilton mit Dr. Moore aus England.

In den Tagen, die dieses Fest andauerte, wurden die Stücke des Dramatikers und Schriftstellers Voltaire aufgeführt, über diese verständigte sich Friedrich II. immer wieder mit dem Autor. Diesmal handelte es sich neben dem Trauerspiel »Œdipe« um »Zaire« und »Le fanatisme ou Mahomet le prophéte«. Aus Voltaires Feder kamen über die Jahre 56 Theaterstücke, von denen 23 Tragödien waren. Der König bewunderte Voltaire Zeit seines Lebens für diese Art Poesie, selbst in den Phasen, in denen es nach 1753 zu Unstimmigkeiten zwischen dem Regenten und dem Dichterfürsten gekommen war. Um den wahren Gehalt und das Wesen der Trauerspiele Voltaires gebührend auf die Bühne in Potsdam zu bringen, wurde der berühmte Schauspieler und Freund des Dichters, Lecouvreur le Kain, aus Paris in die Residenzstadt eingeladen. Außerdem wurde die Oper »Parthenope« den Gästen gleich zweimal, am 18. und 20. Juli 1775, vorgeführt. Die Feierlichkeiten endeten am 22. Juli mit einer großen Tafel im neuen Schloss Sanssouci.

An allen Tagen herrschte in der Hofküche allergrößte Anspannung. Die Speisezettel dokumentieren, das dies mehr als begründet war.

Allein für die königliche Mittagstafel am 11. Juli 1775 sind folgende Speisen angegeben:

Suppe mit Krebsen,
Hühner depsés, à la Bouaroise
Jambon glacé a l'Oseil
Escaloppe de Veau à la Ville mure
Quarré de Mouton à la Eugene
Gebratene junge Calcunen
Reh
Schollen mit grünen Erbsen
Filés de poulardes volontés, aveo peti cracovie
Wiener Collatpfen
Waffeln

Abseits der königlichen Tafel wurde am selben Tage auf der Beitafel serviert:

Suppe von Hühnern à la Jasdiniere Bocelgon
Schnibbelbohnen mit Carbonade
Fricasse vom Huhn
Filé vom Hecht mit Sardellen Sauce
Gebratene Rehkeule
Krebse mit grünen Erbsen
Kirschkuchen
Gebratene kleine Hechte
Butter und Käse, Parmesan

Auch am Kammertisch tafelte man reichlich, aber deftiger:

Suppen vom Kalbfleisch mit Reis
Rindfleisch mit Wirsingkohl
Gebratener Hammel
Kuchen

Am Abend reichte man zur königlichen Tafel:

Hühner au Concombres
Tendron de Veau au poids
Cottelets Hammel glacé, mit Schnibbelbohnen à la Poulette
filés de poisson et écrivices a l'Holland
Gebratene Hühner
Gebratene Kalbeskeule gespickt
Bisquil mêlés
Noices

Die abendliche Beistelltafel war folgendermaßen gedeckt:

Hammelfleisch mit Sauerampfer
Krebse mit Kümmel und Butter
Fische mit Butter und Petersilie

Das Frühstück war im Verhältnis zu den Mittags- und Abendtafeln sehr bescheiden. So befanden sich auf der morgendlichen Tafel nur Butter, Kuchen, Eier und Milch. Am 22. Juli 1775, dem Abreisetag der Gäste, weilte noch der Abbe im Neuen Schloss beim König und bekam eine Suppe, Fisch mit Sauerampfer, Hecht à la provancale und einen kleinen Brathecht vorgesetzt.

Langustiers beste Rezepte – Menü 2

Klare Hühnersuppe mit Reis

Gegrilltes Lammkarree mit glasierten Teltower Rübchen
und Kartoffelstampf (Speck und Zwiebeln)

Apfelkaltschale mit Mohnpielen

Klare Hühnersuppe mit Reis

Zutaten für 4 Personen
1 Suppenhuhn
1 Möhre
1 Stange Lauch
1 Stück Sellerieknolle (ca. 100 g)
1 Zwiebel
100 g Reis
1 Bund glatte Petersilie
1 Stängel Thymian
1 Zitronenschale, unbehandelt
Salz, Pfeffer

Zubereitung
Das Suppenhuhn mit kaltem Wasser ab- und ausspülen. Die Fettdrüsen am Schwanz (Sterzel) herausschneiden. Das Huhn in einem großen Topf mit 2½ l Wasser zum kochen bringen und eine Stunde bei ganz milder Hitze ziehen lassen. Möhren, Lauch und Sellerie putzen und zerkleinern. Die geviertelte Zwiebel, Petersilie und Thymian zum Huhn geben. Etwa 30 bis 40 Minuten bei mittlerer Hitze leicht kochen. Das gegarte Suppenhuhn herausnehmen und anderweitig verwenden. Die Brühe durch ein feines Sieb in einen sauberen Topf gießen. Zitronenschale hinzufügen, die Brühe nochmals erhitzen und die Schale wieder entfernen. Die Geflügelbrühe mit Salz und Pfeffer abschmecken und den gekochten Reis dazu geben.

Gegrilltes Lammkarree mit glasierten Teltower Rübchen und Kartoffelstampf (Speck und Zwiebeln)

Zutaten für 4 Personen
800 g Lammkarree
1 Zweig Rosmarin
1 Knoblauchzehe

Zubereitung
Lammkarree portionieren, in Öl mit einer Knoblauchzehe und Rosmarin scharf anbraten. Danach auf 55°C Kerntemperatur in den Ofen schieben.

Für die Teltower Rübchen
1 kg Teltower Rübchen
2 EL Zucker
3 EL Butter
¼ l Fleischbrühe
Salz und Pfeffer

Zubereitung
Rübchen putzen und große Rübchen etwas kleiner schneiden. Butter im Topf zerschmelzen lassen und den Zucker hinzufügen, beides bräunlich werden lassen.

Die Rübchen dazu geben und so lange rühren bis sie etwas Farbe angenommen haben. Fleischbrühe hinzufügen, umrühren und im geschlossenem Topf 45 Minuten schmoren.

Für den Kartoffelstampf mit Speck und Zwiebeln
480 g Kartoffeln, festkochend
80 ml Milch
50 g Butter
50 g Speck
50 g Zwiebeln
Salz, Pfeffer

Zubereitung
Kartoffeln schälen, waschen und abkochen. Das Wasser abgießen und abdämpfen. Fett in einer Pfanne zerschmelzen lassen,

den Speck kurz anbraten und die Zwiebeln glasig schwitzen. Die warme Milch, den Speck, die Zwiebeln und die Butter zu den Kartoffeln geben und zu einem Kartoffelstampf verarbeiten. Mit Salz, Pfeffer und Muskat abschmecken.

Apfelkaltschale mit Mohnpielen

Zutaten für 4 Personen

8 Äpfel
125 ml Weißwein
150 ml Cidré (Apfelwein aus Frankreich)
450 ml Apfelsaft
100 g Zucker
20 g Honig
40 g Gries
3 cl Calvados

Zubereitung

Geschälte, entkernte Äpfel in Würfel schneiden; mit Weißwein, Apfelwein, Apfelsaft sowie Zucker gar kochen und eventuell leicht mit Gries binden. Mit Honig und Calvados abschmecken und über Nacht kaltstellen.

Für die Mohnpielen

4 alte Brötchen
500 ml Milch
250 g Zucker

400 g gemahlener Mohn
60 g Rosinen
60 g gehobelte Mandeln
400 ml Sahne

Zubereitung
Die Brötchen in daumendicke Scheiben schneiden, in einer Schüssel mit Milch durchweichen lassen und mit 30 g Zucker bestreuen. Den Mohn mit dem restlichen Zucker, den Rosinen und der Sahne etwa 15 Minuten langsam kochen. Die leicht ausgedrückten Brötchenscheiben mit dem gekochten Mohn schichtweise in eine Glasschüssel einfüllen und mit Mandeln bestreuen. Kaltstellen.

Zu jeder königlichen Tafel gehörten stets eine oder zwei Suppen, die aus Fleisch gekocht wurden. Friedrich II. hatte durch seinen Vater Friedrich Wilhelm I. die traditionelle norddeutsche Küche kennen gelernt. Oft musste er als Kind und Kronprinz Graupen und Getreidebrei sowie Kohl und Biersuppe essen.

Seine Mutter liebte es eher international und war für den Sohn, was den Anspruch an eine gute Küche anbelangte, durchaus prägend. Später ließ der König Friedrich II. seine Hofköche Suppe à la Suice, Schinken und Mohrrüben à l'Anglaise und Fulm à l'Espagnol zubereiten. Befriedigt und anerkennend dichtete er einmal: »Was kochen kann in allen Küchen, der alten und der neuen Welt, der muss vor Ihnen sich verkriechen, Sie sind ein großer Küchenheld.«

Suppen nach Langustier

Linsensuppe mit magerem Speck

Caputher Edelfischsuppe mit Hechtklößchen

Fischsuppe, aromatisiert mit Curry

Kalter Borschtsch mit Rindfleisch und saurer Sahne

Legiertes Selleriesuppe mit gebackenem Gemüsestroh

Gebundene Ochsenschwanzsuppe mit feinem Weinbrand

Linsensuppe mit magerem Speck

Zutaten für 4 Personen
200 g Linsen
150 g Möhren
150 g Sellerie
100 g Lauch
2 l Brühe
150 g durchwachsener Speck
100 g Zwiebeln
Salz, Pfeffer
¼ Bund Petersilie
20 g Butter
Je nach Geschmack: Zucker und Essig

Zubereitung
Linsen über Nacht in kaltem Wasser einweichen. Das Suppengrün (Gemüse) in kleine Würfel schneiden, in Butter leicht andünsten, Linsen dazu geben und mit Brühe bedecken, 30 Minuten bei mittlerer Hitze kochen. Mit Salz und Pfeffer abschmecken, nach Wunsch auch mit Zucker und Essig, süß-sauer. Speck würfeln, auslassen und die Zwiebel dazu anschwitzen. Alles in die abgeschmeckten Linsen geben und servieren.

Caputher Edelfischsuppe mit Hechtklößchen

Zutaten für 4 Personen
1 Zanderkarkasse
200 g Zanderfilet
10 Havelkrebse
1 Kräutersträußchen (Estragon, Lorbeer und Petersilie)
100 ml Weißwein
100 g Butter
150 g Schalotten
100 g Möhren
100 g Lauch
100 g Sellerie
50 g Mehl
¼ l Sahne
1 Eigelb

100 g Kartoffel, geschält und geputzt
½ Bund Petersilie
1 Zitrone
Salz, Pfeffer, Muskat

Zubereitung
Aus der Zanderkarkasse, dem Zanderfilet, Weißwein und Kräuterstrauß ein Fischfond herstellen. Zanderfilet nur kurz garen (Einlage für die Suppe). Gemüse waschen, putzen und in kleine Würfel schneiden, dann kurz in etwas Butter weich dünsten. Aus der restlichen Butter, den Schalotten und dem Mehl eine Schwitze herstellen, mit der heißen Fischbrühe auffüllen und 20 Minuten langsam kochen. Mit dem Eigelb und der Sahne legieren (nicht mehr kochen) und abschmecken. Die helle Fischsuppe auf das gedünstete Gemüse geben und passieren. Kartoffelwürfel dazu geben und mit Zitrone abschmecken. Beim Servieren das Zanderfilet in Stücke schneiden, auf den Teller legen, mit der heißen Suppe bedecken. Krebsschwanz (gekocht) und Hechtklöße darauf geben und mit viel gehackter Petersilie bestreuen.

Zubereitung der Krebse
Im kochenden Salzwasser mit dem Kopf nach unten, einzeln in das heiße Salzwasser geben. Kurz aufkochen und 10 Minuten ziehen lassen. Schwanz ausbrechen und Darm herausziehen.

Für die Hechtklöße
100 g Hechtfilet
50 g Sahne
¼ Bund Dill oder Petersilie
Salz, Pfeffer

Zubereitung
Hechtfilet, Sahne (alles sehr gut gekühlt) und Gewürze in einem Mixer pürieren und durch ein Sieb streichen. Masse kalt stellen. Mit zwei in Wasser getauchten Teelöffeln Klößchen formen und etwa 5 Minuten in kochendem Salzwasser pochieren.

Fischsuppe aromatisiert mit Curry

Zutaten für 4 Personen
1 kg Seefisch (Seelachs, Dorsch, Kabeljau, Dorade nach eigener Wahl)
½ Bund Frühlingszwiebeln
2 Knoblauchzehen
1 kleine Ingwerknolle
100 g Butter
2 bis 3 EL Currypulver
200 g Joghurt
1 Apfel
50 g Reis
1 Zitrone
Salz, Pfeffer, Nelken

Zubereitung
Butter im Topf erhitzen, Fischstücke darin kurz hellbraun anbraten. Frühlingszwiebeln, Knoblauch, Ingwer und Curry dazu geben und kurz schmoren lassen. Joghurt, Gewürze und

1 Liter Wasser beimengen und 10 Minuten kochen lassen. Apfel schälen, Kerngehäuse entfernen und das Fruchtfleisch in kleine Würfel schneiden. Fischfond passieren, Fischfleisch von den Gräten befreien. Den Reis in den Fischfond geben, 20 Minuten leicht kochen lassen, Fleischstücke dazu tun, ebenso die Apfelwürfel und mit Zitronensaft, Salz und Pfeffer abschmecken.

Kalter Borschtsch mit Rindfleisch und saurer Sahne

Zutaten für 4 Personen

500 g Rinderbrust
2 l Brühe
½ Wirsingkohl
250 g Sellerie
150 g Zwiebeln
200 g Rote Bete
200 g Lauch
150 g Möhren
200 g magerer Speck
25 g Tomatenmark
120 g Creme fraiche
1 Bund Dill
½ Bund Frühlingszwiebeln

Zubereitung
Rindfleisch abkochen für Brühe und Einlage. Gemüse putzen, waschen und fein hacken. Speck in kleine Würfel schneiden und in einem Topf auslassen. Gemüse hinzu geben und andünsten, Tomatenmark hinzufügen, alles zusammen einige Minuten dünsten. Anschließend gut mit Essig vermengen und mit der Rinderbrühe bedecken. Mit Salz und Pfeffer würzen. Die anderen Gewürze in ein Tee-Ei geben und in die Suppe hängen. Bei mittlerer Hitze etwa zwei Stunden kochen lassen. Abschmecken und die Gewürze herausnehmen. Die Suppe kalt stellen und beim Servieren mit Creme fraiche und Dill garnieren.

Die Suppe kann auch warm serviert werden. Bei der kalten Suppe ist das geronnene Fett (fester Zustand) abzuschöpfen

Legierte Selleriesuppe mit gebackenem Gemüsestroh

Zutaten für 4 Personen
500 g Sellerie
100 g Frühlingszwiebeln
50 g Butter
1 l Rinderbrühe
¼ l Sahne
2 Eigelbe
Salz, Pfeffer, Muskat

Zubereitung
Sellerie schälen, waschen und danach in grobe Würfel schneiden. Die Frühlingszwiebeln putzen, waschen und schneiden. Butter im Topf auslassen, Frühlingszwiebeln darin anschwitzen und die Selleriewürfel dazu geben. Alles bei mittlerer Hitze etwa 5 Minuten dünsten. Mit der Brühe und der halben Sahne ablöschen und 20 Minuten garen. Die Eigelbe und den Rest Sahne verquirlen. Die Suppe mit dem Pürierstab passieren und mit der Eigelbsahne legieren. Die legierte Suppe nicht mehr kochen, da sonst das Eigelb gerinnt. Mit Salz, Pfeffer und Muskat abschmecken und servieren

Für die Einlage fürs Gemüsestroh
80 g Möhren
80 g Sellerie (kann von der Suppe verwendet werden)
80 g Porree

Zubereitung
Das Gemüse waschen, putzen und in ganz feine Streifen (wie Stroh) schneiden und in Fett (Öl) bei 130° C cross backen, auf Küchencrepe abtropfen lassen und auf die Suppe geben.

Gebundene Ochsenschwanzsuppe mit feinem Weinbrand

Zutaten für 4 Personen
1 kg Ochsenschwanz
50 g Mehl
80 ml Öl (Olivenöl)
40 g Weinbrand
150 g Lauch
150 g Möhren
100 g Sellerie
100 g Schalotten, gewürfelt
50 ml Rotwein
2 Knoblauchzehen
Schale von einer unbehandelten Orange (Zesten)
Salz, Pfeffer, Majoran, Thymian, Lorbeerblatt, Piment

Zubereitung
Ochsenschwanz im Gelenk schneiden, in Mehl wenden, in heißem Öl anbraten und mit Rotwein ablöschen. Gemüse putzen, waschen, zerkleinern und hinzufügen, 5 Minuten dünsten. Mit 1 ½ Liter Brühe oder Wasser auffüllen und zum kochen bringen. Gewürze hinzu geben und bei mittlerer Hitze zwei Stunden kochen lassen. Den Ochsenschwanz herausnehmen, Fleisch vom Knochen lösen und in Stücke schneiden. Die Suppe mit dem Mixer passieren, Fleischstücke dazu geben und nochmals 30 Minuten leicht kochen. Abschmecken und mit Weinbrand veredeln und servieren.

Der Kastellan war über diese Rezeptfunde überglücklich, so dass er darüber völlig die Zeit vergaß. Aber er war gewissermaßen für sein Vorhaben, ein Kochbuch zusammenzustellen, in den obersten Regalfächern auf eine Goldader gestoßen. Es gab noch viel mehr Speisezettel und viele kleine Hinweise auf die Küchengepflogenheiten am Hofe des Preußenkönigs. In sein Tagebuch schrieb Franz Heinrich Richter: »Die Ausführungen von Thiébault, auf die ich immer wieder stieß, faszinierten mich zunehmend, ermöglichten sie mir doch ungeahnte Einblicke. Ich erfuhr so einiges mir noch Unbekannte über die Hofküche, die Welt meines Vaters, obwohl sein Name in den Aufzeichnungen nicht auftauchte. Dabei schenkte Thiébault Friedrichs Köchen einige Beachtung.«

Friedrich hatte zwölf Köche, die ziemlich gut bezahlt waren; sie waren teils Deutsche, teils Franzosen, doch auch Italiener, Engländer, Russen waren darunter. Jedem von ihnen waren bestimmte Gerichte zugewiesen, die nur dieser zubereiten durfte; so waren sie stets alle beschäftigt. Die Köche standen unter der Oberleitung von zwei Haushofmeistern oder Küchenchefs, die ebenfalls gelernte Köche waren; der eine hieß Joyard und stammte aus Lyon, der andere, Noêl, war aus Périgueux. Diese beiden Chefs hatten die ganze Bedienung der Tafel zu leiten. Der König hatte viele Jahre hindurch jedem von ihnen eine Flasche Wein zu Mittag gegeben. Doch in späterer Zeit unterdrückte er diese Lieferung, da er überzeugt war, sie hätten genug Wein an dem, welchen der Abhub der Tafel ihnen lieferte. Der arme Noêl war höchst entrüstet, dass ihm auf seine alten Tage der Wein entzogen würde, denn er sah sehr auf den Groschen, obwohl er ansonsten ein recht braver Mann war. Joyard, der von weniger hitzigem Gemüt war, lächelte nur und beklagte sich nicht über den Befehl, der ihm seine Einkünfte schmälerte.

Die beiden Männer hatten allerdings auch keinen Grund, unzufrieden zu sein, denn außer sehr guten Gehältern hatten sie noch ganz beträchtliche tägliche Einkünfte aus den Küchenlieferungen. Zuerst hatte Friedrich ihnen einen Thaler für die Schüssel bezahlt; dann war er auf zwanzig Groschen heruntergegangen, dann auf sechzehn und endlich auf zwölf Groschen. Indem er auf diese Weise die Kosten seiner Tafel bestritt, brauchte er sich um die Einzelheiten der Rechnung nicht zu kümmern. Hierbei ist zu bemerken, dass die Köche unentgeltlich erhielten:

1) soviel Holz, als sie nur verbrennen wollten, denn die Gesellschaft, die das Holz in den königlichen Forsten schlagen ließ, war vertraglich verpflichtet, den jährlichen Bedarf des Königs, der Königin u. s. w. zu decken;

2) eine sehr reichliche Menge bester Butter, die regelmäßig von der holländischen Meierei geliefert wurde, welche Friedrich Wilhelm I. an der Havel angelegt hatte und die mehr als vier Quadratmeilen ausgezeichneter Wiesen beweiden ließ;

3) soviel Wildbret, wie sie haben wollten. Die Domänenpächter waren verpflichtet, in die königliche Küche allwöchentlich auf ihre Kosten und durch die Post soviel zu liefern, wie die Küchenmeister verlangten.

Wie man sieht, konnten die Beamten einen großen Teil der täglichen Lebensmittel aus der königlichen Küche mitnehmen. Nur das Schlachtfleisch und den Fisch mussten diese Beamten aus eigener Tasche bezahlen. Alles Außergewöhnliche oder aus fremden Ländern Herbeigeschaffte ging auf die besondere Rechnung des Königs und wurde von diesem eigens befohlen. Hierzu gehörten Weine, Liköre, Tee, Kaffee, Schokolade, Zucker, Eingemachtes und alles was zum Nachtisch gehörte. Es blieben noch die Gemüse und dergleichen Kleinigkeiten, die allerdings von den Oberköchen geliefert werden mussten. Sie wurden ihnen mehr als reichlich bezahlt, wenn sie zuvor besondere Schüsseln davon servierten.

»Es war also eine reine Fabel« notierte Franz Heinrich Richter, »wenn man behauptet hat, dass Friedrich seine Mahlzeiten pro Kopf und Teilnehmer bezahlen würde. Ein Bericht von Fredersdorf an den König vom 5. Juli 1754 widerspiegelte die Verantwortlichkeit des Kammerdieners für die Belange der Küche. Fredersdorff war schon in Rheinsberg der Comis des Kronprinzen Friedrich gewesen und stieg mit dem Regierungsantritt 1740 zum ›Geheimen Kämmerer‹, zum Verwalter der königlichen Schatulle auf. Damit besaß er einen großen Einfluss, der tatsächlich über sein eigentliches Amt hinausging.«

In der Hofküche hatten die Franzosen gegenüber den deutschen Köchen die Oberhand. Anders als ihren Kollegen wurden ihnen alle Zutaten ausgehändigt – egal, was sie verlangten. Die deutschen Köche forderten natürlich die gleichen Vorteile und wurden in ihrem Bestreben durch den Ersten Hofküchenmeister Joyard unterstützt. Die Entscheidung, den deutschen Köchen die gleichen Rechte einzuräumen, betrachtete des Königs Schatzmeister mit Sorge. Schon im Jahre 1754 wurden täglich 11 Taler mehr ausgegeben, als die vom König festgelegten 32 Taler!

Der Kämmerer kannte seinen Herrn gut, daher wusste er, dass Friedrich zwar ein sparsamer Mann war, allerdings auch großen Wert auf gutes Essen legte. Schließlich ließ sich der König täglich zur Kontrolle und Vorfreude auf den Gaumenschmaus die Küchenzettel vorlegen.

Die Küchenzettel waren als ausgewiesene Chefsache also ein heikles Thema. Mit einer Entscheidung gegen eine königliche Forderung konnte man sich bei Friedrich schnell unbeliebt machen – doch wer wollte dies schon tun? Deshalb war es besser, wenn die Königliche Hoheit selbst entschied, wie viel Geld in der Küche ausgegeben werden sollte. Fredersdorff legte beim täglichen Rapport eine sechs große Bogen umfassende Aufstellung darüber vor, was die Küche zum Beispiel am 30. Juni 1754 verbraucht hatte und was dafür geliefert wurde. Diesem Schriftstück lagen die Küchenzettel der verschiedenen Tafeln, von der königlichen bis zu denen der Kammerdiener, der Pagen und der Lakaien bei. Daraus war ersichtlich, mit welchen Zutaten die Speisen zubereitet worden waren. Die Aufstellung war so präzise, dass sogar die Kosten für die benötigte Kohle zum Feuern nicht fehlte. Ausgenommen war hier lediglich das Kochen für die Hunde des Königs.

Eine Antwort Friedrichs an seinen Geheimen Kämmerer, die großen Ausgaben in der Küche betreffend, folgte am 6. Juli 1754: »Ich Kann recht guht essen, und die Köche Können das Selbige essen Machen, nur Müssen Sie nicht die Helfte von denen Ingredientzen stehlen, sonnten gehen Alleetage 11 Thaler mehr darauf! Ich versichere Dihr, dass unßer fras nicht Kostbahr, aber Nuhr Delicat ist!«

Wie Fredersdorff also vermutet hatte, wollte der König nicht noch mehr ausgeben. Friedrich meinte, dass er von seinen Hofbediensteten durch Stehlerein betrogen würde. Auch wenn Fredersdorff diese Unterstellung verneinte, der König ließ sich davon nicht abbringen, er ging stets davon aus, dass er von allen Seiten, auch von der Hofküche, bestohlen und übervorteilt werde. An allen Herden, in allen Töpfen witterte er nicht nur feinste Speisen, sondern auch Verrat.

Das hatte ich schon immer so von meinem Vater gehört, erinnerte sich der Kastellan, der langsam den harten Stuhl, auf dem er saß, in allen Gliedern spürte. Je älter der König wurde, umso heftiger soll sein Misstrauen gewesen sein. Alle Bediensteten, so auch die Köche, hatten Angst vor ihm. Ganz unberechtigt war das wohl nicht, wie eine Anordnung zeigte, die nun in einer Abschrift vor Franz Heinrich Richter lag:

»Am 13. Januar 1756 erging eine Ordre an die königliche Hofküche zur Abstellung der bisherigen Diebstähle und Unterschlagungen. Mittlerweile musste auch Fredersdorff feststellen, dass Angestellte der Hofküche entweder Viktualien oder ganze Schüsseln vom Schlosse weggetragen hatten. Die Ordre wurde allen zugestellt, um dieses Unwesen gänzlich abzustellen. Den Angestellten der Küche wurde darin mitgeteilt, dass man zur Vermeidung von Diebstählen an sämtlichen Portalen der königlichen Schlösser Aufseher einsetzen werde, die jeden Schritt und Tritt beobachten und denjenigen, der etwas aus der königliche Hofküche entwende, verfolgen und anzeigen würden. Sollten diese Personen der Tat überführt werden, müssten sie das Unterschlagene bezahlen und würden mit Schande davongejagt.«

Die bayrische Köchin

In der Küche Friedrichs II. gab es auch eine Köchin aus Bayern. Friedrich erwähnte sie mit vollem Zorn, indem er im Mai 1755 schrieb: »Meine beiersche Köchin berühmt sich, dass sie Dihr in der Cuhr hat!« Nachdem diese Köchin die ihr zugedachte Aufgabe, die Gesundheit Fredersdorffs durch entsprechende Speisen zu garantieren, nicht erledigen konnte, fiel sie beim König in Ungnade und sollte entlassen werden. Allerdings sträubte sie sich heftig dagegen und so schrieb Fredersdorff an den König: »Ew. Königl. Maj. werden Allergnädigst befehlen, ob die Bayersche Köchin diesen Monath noch Kochen soll. Sie Lamentiret sehr, dass Sie weg soll.« Der König entschied schnell: »Sie soll nicht mehr Kochen, sie ist eine Schmudlerin und ist nicht nutze!« Die Köchin erhielt ihr Reisegeld und verschwand aus der königlichen Hofküche.

»Wieder ging eine Woche zu Ende«, hielt der Kastellan seine Arbeitsergebnisse der letzten Tage fest. »Die Eindrücke, die ich teilweise miterlebt habe oder durch Erzählungen meines Vaters sowie des Zweiten Hofküchenmeisters Langustier erfahren hatte, bestimmten meine Erinnerungen. Vieles verfestigte sich. Die unendlichen Impressionen bestärkten mich immer mehr in meinem Vorhaben, eine Kochsammlung der königlichen Küche zusammenzustellen. Am Abend des recht anstrengenden Tages wollte ich erneut die Eichentruhe meines Vaters sichten, bevor ich mich an den kommenden Tagen wieder voll und ganz auf die Arbeit fürs Hofmarschallamt konzentrieren würde.

So wühlte ich auch des Abends bis in die Nacht hinein in Papieren. Nicht alle Notizen, die ich in der Truhe fand, stammten von meinem Vater, wie ich erneut feststellen musste. Andere Handschriften waren zwischen den Zetteln mit den mir bekannten Schriftzeichen zu entdecken. Zum Beispiel fand ich einen Zettel mit der Aufschrift »Langustiers beste Rezepte III – alles Gute zum 30. Jubiläum«. Langustier hatte meinem Vater also eine Freude machen wollen und hatte ihm nach dreißig gemeinsamen Kochjahren eine Sammlung der edelsten Gerichte zusammengestellt. Gerührt betrachtete ich die Widmung des guten Freundes.

Am folgenden Tag erkannte ich, dass sich in den Unterlagen aus Friedrichs Leben nur sehr wenig über einzelne Hofköche finden ließ. Allerdings entdeckte ich unter den vielen Manuskripten die Abschrift eines Gedichtes, das Friedrich II. für seinen Lieblingskoch Noêl geschrieben hatte. Maître Noêl, der Sohn eines weltbekannten Pastetenbäckers aus Angoulême, hatte für den König ein neues Gericht mit dem Namen »Bombe de Sardanapale« kreiert. Die Speise schmeckte Friedrich so gut, dass er Noêl dieses Gedicht widmete:

Wie schön begeisterten Sie mich!
Auch Sie, auch Sie, Herr Noel, haben sich
Des Namens Ewigkeit erworben;
Solch einen Held recht meisterlich
Zu singen, hat! Wär ich.
Der aufgelegteste der Welt!
Sie sind ein großer Held!
Was kochen kann, in allen Küchen
Der alten und der neuen Welt,
Der muß vor Ihnen sich verkriechen;
Sie sind ein großer Küchenheld!

Des alten Roms berühmter erster Prasser,
Lucullus, aß auf seinem Götter-Saal,
Auf welchen Cicero, der Redner, auch einmal
Zu Gast war, allein auf Brodt und Wasser,
Nichts so vortreffliches als ich!
Heut' übertrafen Sie, Herr Noel, sich!

Womit, womit tractireten Sie mich?
O dieser Bomben-Ball, auf Sardanapals Weise,
War Wunderkost, war Götterspeise!«

Dokumentiert ist ein weiterer königlicher Koch: Nicolas Blesson, der von 1757 bis 1842 lebte. Er stammte aus Lagny le Sec bei Paris und wurde als begabter Meister seines Fachs in Preußen zunächst erster Küchenmeister, dann Maître d'hôtel von Friedrich dem Großen, um schließlich Generalintendant von dessen beiden Nachfolgern zu werden. Nicolas Blesson starb 85-jährig, hatte aber noch die Ehre, seinen Jubiläumsgeburtstag in Gegenwart des damaligen Königs Friedrich Wilhelm IV. begehen zu können, der ihm bei dieser Gelegenheit den Roten Adlerorden verlieh.

Unverdrossen setzte der Kastellan seine Arbeit im Hofmarschallamt fort und die Merkwürdigkeiten, die er bei Beginn seiner Tätigkeit festgestellt hatte, waren fast vergessen. Doch dann ereignete sich dies: »Eines Tages, ich kniete zwischen auf der einen Seite ungeordneten und auf der anderen Seite bereits sortierten Papieren auf dem Fußboden der verstaubten Kammer, entdeckte ich ein weiteres Schiller-Manuskript über die Geschichte von Martin Guerre. Mittlerweile war ich von der Kostbarkeit der Bögen überzeugt und davon, dass es die Originalschrift aus der Hand des großen Dichters sein musste.

Martin Guerre oder ein Mann, der sich für ihn ausgegeben hatte, war also nach acht Jahren zu seiner Frau zurückgekehrt, die ihn als ihren Ehemann anerkannte. Diese Idylle wurde dann jäh durch die Aussage eines Soldaten getrübt, mit dessen Erzählung sich die Geschichte nun fortsetzte: ›*Martin Guerre halte sich in Flandern auf und trage jetzt ein hölzernes Bein, weil er das seinige bei St. Laurent durch eine Kanonenkugel verloren hatte. Bei Bertrande von Rols, Guerres Frau, erregte diese Nachricht einigen Verdacht. Allein – es sei nun Scham über die Folgen, die ihr Irrtum schon gehabt hatte, oder wirkliche Täuschung durch die Ähnlichkeit der Züge, oder irgend eine andre Ursache gewesen, wodurch sie von der weiteren Untersuchung abgehalten wurde – sie fuhr fort, ihn öffentlich als ihren Ehemann zu behandeln.*‹

Und weiter las ich: ›*Der vermeintliche Martin Guerre bekam Händel mit einem gewissen Johann von Escarbœuf. Die Sache kam zur peinlichen Untersuchung vor dem Landrichter zu Toulouse, und Guerre wurde gefänglich eingezogen. Während er nun im Arrest saß, wendete Peter Guerre, sein Onkel, vereinigt mit seinen vier Schwiegersöhnen, alles an, Bertrande von Rols zu bereden, daß dieser Mensch, den sie für ihren Mann halte, ein bloßer Betrüger sei.*‹

Daraufhin nahm ein höchstrichterliches Procedere seinen Lauf, es kam zum Prozess gegen den angeblichen Martin Guerre. ›*Es wurden hundert und fünfzig Zeugen abgehört. Dreißig bis vierzig von ihnen versicherten, daß der Beklagte wirklich Martin Guerre sei, daß sie von Kindheit an viel Umgang mit ihm gehabt haben, und daß sie ihn an gewissen Merkmalen und Narben seines Körpers kennen, welche noch deutlich zu sehen seien. Ungefähr fünfzig andere von ihnen behaupten dagegen, er sei nicht Martin Guerre, sondern Arnold Tilh, mit dem Beinamen Pansette, aus Sagias gebürtig. Die übrigen ungefähr sechzig an der Zahl gestanden: die Aehnlichkeit zwischen diesen beiden Menschen sei so auffallend, daß sie sich nicht getrauten zu bestimmen, ob der Angeklagte Martin Guerre oder Arnold Tilh sei.*‹ Wer war er aber nun wirklich? ›*Der Schuster, der dem Martin Guerre ehedem seine Schuhe verfertigt hatte, sagte: dieser habe immer Schuhe mit zwölf Stichen getragen, der Gefangene aber trage nur neun Stiche lange Schuhe. Ein anderer Zeuge gab an: Martin Guerre sei ein guter Fechter und Ringer gewesen. Der Angeklagte verstand von beiden Künsten nichts.‹*

Ich muss gestehen, dass mir diese kleinen Pausen, in denen ich Schillers Geschichte in der Hand hielt, Freude bereiteten. Und ich empfand darin auch eine willkommene Abwechslung, in meiner Tätigkeit, obwohl natürlich die Archivarbeit im Vordergrund stand. Durch die Scharfsinnigkeit der Bemerkung des Schusters verleitet, maß ich die Fußabdrücke, die sich neben dem Ordner in dem sich die Schillerschen Manuskriptseiten befunden hatten. Dafür benützte ich meinen Daumen. Tatsächlich waren die meisten Abdrücke in diesem staubigen Keller von meinen Schuhen und 37 Daumen breit. Es gab da allerdings auch Fußspuren von nur 34 Daumen Breite. Was hatte das zu bedeuten? Ich fand keine Erklärung dafür und wendete mich wieder der Arbeit zu. Das heißt, zunächst begutachtete ich erst einmal die Rezepte, die ich am Abend in der Truhe meines Vaters gefunden hatte.«

Langustiers beste Rezepte – Menü 3

Geeiste Gemüsesuppe

Kleine Roulade vom Weißkohl mit Lammhack

Im Räucheröl pochiertes Kabeljaufilet mit
Erbsenmousseline, Rieslingschaum und Grilltomaten

Mit Prosecco gespritzte Erdbeerkaltschale

Geeiste Gemüsesuppe

Zutaten für 4 Personen
200 g Tomaten
150 g Gurken
150 g Paprika, rot
50 g Paprika, gelb
50 g Staudensellerie
½ Knoblauchzehe
20 g Zwiebeln
30 g Tomatenmark
1 EL Blattpetersilie, gehackt
80 g Weißbrot
150 ml Gemüsebrühe
2 EL weißen Balsamico-Essig

2 EL Lausitzer Leinenöl
Pfeffer, Salz, Zucker

Zubereitung
Gurken, Zwiebeln, Knoblauch und Staudensellerie zusammen mit dem anderen Gemüse grob zerkleinern, mit Petersilie, Gemüsebrühe, Pfeffer, Salz, Zucker und Essig marinieren. Das Ganze über Nacht im Kühlschrank ziehen lassen. Mit dem Pürierstab fein pürieren und mit Tomatenmark und Öl verfeinern. Sollte die Suppe etwas zu dünn sein, kann man sie mit zerkleinertem Weißbrot abbinden.

Kleine Roulade vom Weißkohl mit Lammhack

Zutaten für 4 Personen
1 großer Weißkohl
500 g Lammhack
2 Eier
½ Brötchen
200 g Zwiebeln
100 g Speck
20 g Butterschmalz
½ l Brühe
50 g Mehl
Salz, Pfeffer, Oregano, Kümmel, 1 Knoblauchzehe

Zubereitung
Kohl putzen, große Blätter lösen und in kochendem Salzwasser kurz blanchieren.

Lammhack mit Salz, Pfeffer, Eiern, Oregano, Knoblauch, fein gehackten Zwiebeln und eingeweichter Semmel zu einer Masse verarbeiten. Die blanchierten Kohlblätter ausbreiten. Die in Masse in vier Teilen auf die Blätter in Form wie Bouletten verteilen. Die vorher mit Salz, Pfeffer und Kümmel bestreuten Blätter mit der Masse zu Rouladen formen. Speck klein schneiden und in Butterschmalz anbraten, Zwiebelwürfel dazu geben. Wenn alles schön braun ist, Kohlrouladen in den Bräter legen, mit etwas Brühe übergießen und bei 180 °C in den Backofen schieben. Öfter mit wenig Brühe übergießen. Nach etwa 45 Minuten haben die Rouladen eine schöne braune Farbe und können herausgenommen werden. Rouladen aus dem Bräter nehmen, den Bratenfond reduzieren und mit einer Mehlschwitze binden. Speckwürfel rösten und in die Sauce geben.

In Räucheröl pochiertes Kabeljaufilet mit Erbsenmousseline, Rieslingschaum und Grilltomaten

Zutaten für 4 Personen
4 Stück Kabeljaufilet á 150 g
1 Flasche Räucheröl (400 ml)
1 Zitrone
1 TL Gewürze (Pfefferkörner, Piment, Lorbeer)
2 Zweige Dill
Salz

Zubereitung
Das Räucheröl auf ca. 95°C erhitzen, Gewürze, Dill und Zitrone hinzufügen und den gesalzenen Kabeljau ca. 10 Minuten bei mittlere Hitze braten. Das fertige Filet wird später auf der Erbsenmousseline angerichtet.

Für die Erbsenmousseline
500 g grüne (Tiefkühl-)Erbsen
100 ml Sahne
80 g Butter
Salz, Pfeffer, Muskat

Zubereitung
Alle Zutaten zusammen aufkochen, pürieren und durch ein feines Sieb streichen.

Mit Pfeffer, Salz und Muskat verfeinern und mit einem Ring auf der Tellermitte anrichten.

Für den Rieslingschaum
200 ml Riesling
50 g Butter
20 g Mehl
etwas Zitronensaft
10 g Honig
Pfeffer, Salz
200 g geschlagene Sahne
1 TL gehackter Dill

Zubereitung
20 g Butter mit Mehl hell anschwitzen lassen, mit Weißwein ablöschen, aufkochen und um die Hälfte reduzieren lassen. Mit Salz, Pfeffer, Honig und Zitrone kräftig abschmecken, mit der restlichen Butter aufmontieren und kurz vor dem Anrichten die geschlagene Sahne und den Dill unterheben.

Für die Grilltomate
12 Cherrytomaten
3 EL Rapsöl
2 EL Salz
3 Blätter Basilikum

Zubereitung
Die Cherrytomaten gleichmäßig mit Öl bestreichen und mit dem Gemisch aus Zucker, Salz und gehacktem Basilikum großzügig bestreuen. Bei 200 °C das Ganze 5 Minuten im Ofen grillen und dekorativ auf dem Teller anrichten.

Mit Prosecco gespritzte Erdbeerkaltschale

Zutaten für 4 Personen
150 g Erdbeeren
180 g Erdbeerpüree
150 ml Werderaner Erdbeerwein
100 ml Prosecco
100 ml Apfelsaft
50 g Honig
1 TL gehackte Minze
Saft von einer Limette

Zubereitung
Erdbeerpüree mit Wein, Apfelsaft, Honig, Minze und Limettensaft pürieren und abgedeckt für 30 Minuten in das Tiefkühlfach stellen. Erdbeeren in feine Würfel schneiden und zusammen mit dem Prosecco der Kaltschale hinzufügen. In vorgekühlten Tellern eiskalt servieren.

Salate nach Langustier

Kalbszungensalat mit Frühlingszwiebeln
und Tomatenvinaigrette

Meeresfrüchtesalat mit gebratenem Buttertoast

Kopfsalat »Piermont«

Bohnensalat mit geräuchertem Aal

Kalbszungensalat mit Frühlingszwiebeln und Tomatenvinaigrette

Zutaten für 4 Personen
1 Kalbszunge
50 g Möhren
50 g Sellerie
50 g Porree
8 Frühlingszwiebeln
100 g Sonnenblumenöl
40 g Estragonessig
30 g Weißweinessig
40 g Wasser

etwas frischer Majoran und Thymian
Salz, Pfeffer

Zubereitung
Kalbszunge waschen. Lauch, Zwiebeln, Möhren, Sellerie, Pfefferkörner und ca. 2 bis 3 Liter Wasser zum Kochen bringen. Kalbszunge in die kochende Flüssigkeit geben und 45 bis 50 Minuten langsam kochen. Aus Weißwein- und Estragonessig, Wasser, Salz, Pfeffer und dem Sonnenblumenöl eine Vinaigrette herstellen. Kalbszunge, wenn sie etwas abgekühlt ist, pellen, längs in Scheiben schneiden und auf dem Teller anrichten. Mit frischen Frühlingszwiebeln bestreuen, Dressing darüber geben und mit frischem Majoran und Thymianblättchen abrunden

Meeresfrüchtesalat mit gebratenem Buttertoast

Zutaten für 4 Personen
300 g Meersfrüchte
50 g Paprika, rot
50 g Sellerie
50 g Fenchel
3 Zweige Dill
3 Zweige Koriander
3 Zweige glatte Petersilie
4 Scheiben Toastbrot

40 ml Olivenöl
1 Limette
50 g Butter

Zubereitung
Paprika fein würfeln, Sellerie und Fenchel fein schneiden und zusammen mit den Meeresfrüchten in Olivenöl anschwenken, mit Limettenscheiben und Kräutern verfeinern. Den Salat mit Salz und Pfeffer abschmecken und kühl stellen. Das von den Rändern befreite Toastbrot in eine beliebige Form schneiden und in Butter goldbraun braten. Das warme Toastbrot mit dem Salat dekorativ auf dem Teller anrichten.

Kopfsalat »Piermont«

Zutaten für 4 Personen
1 Kopfsalat
50 g Tomaten
50 g grüne Gurke
50 g rote Paprika
50 g gelbe Paprika
100 g Eisbergsalat
½ Bund Radieschen
50 g Erdbeeren
100 g Pfirsiche (Dose)
50 g Ananas

Für eine Orangenvinaigrette
Saft von 2 Orangen
40 g Sherry-Essig
60 g Olivenöl
60 g Pinienkerne
Salz und Pfeffer

Zubereitung
Kopfsalat waschen und zerpflücken. Gurke, Tomate, Paprika schälen und in Würfel sowie Radieschen in dünne Scheiben schneiden. Erdbeeren würfeln, Pfirsiche in Spalten und danach in Würfel schneiden. Alles gut mischen, dann unter den Kopfsalat geben und mit Orangenvinaigrette (die Zutaten hierfür miteinander vermischen) übergießen.

Bohnensalat mit geräuchertem Aal

Zutaten für 4 Personen
100 g Prinzessbohnen
100 g Wachsbohnen
80 g Kidneybohnen
30 ml Branntweinessig
30 ml Sonnenblumenöl
½ l Gemüsebrühe
50 g Pinienkerne
5 Stiele Bohnenkraut
100 g Zwiebelwürfel

1 in Ringe geschnittene rote Zwiebel
geräuchertes Aalfilet
Salz, Pfeffer, Zucker

Zubereitung
Die Kidneybohnen abwaschen und abtropfen lassen, die anderen Bohnen in dem Fond aus Gemüsebrühe, Zwiebelwürfeln, Essig, Salz, Zucker, Öl, Bohnenkraut und Pfeffer garen und über Nacht zusammen mit den Kidneybohnen im Kühlschrank durchziehen lassen. Das Räucheraalfilet portionieren und mit dem Bohnensalat dekorativ anrichten. Die roten Zwiebelringe und geröstete Pinienkerne darüber streuen.

Wieder am Werk, ermöglichten all jene schon teilweise vergilbten Papiere dem Archivar einen weiteren Blick in den königlichen Tagesablauf. Nachdem die Kabinettssekretäre mit den unterzeichneten Briefen oder Ergänzungen abgetreten waren, arbeitete der König mit seinem Privatsekretär. Beide besprachen den vorgelegten Schriftverkehr mit der Akademie der Wissenschaften, den Professoren der verschiedenen Schulen, den Gelehrten und den fremden und einheimischen Künstlern. Wenn dieser Termin ausfiel, nutzte Friedrich die Zeit zum Bücherlesen oder zu schriftstellerischem Schaffen.

Um sechs Uhr abends begann das eine Stunde dauernde Konzert und oft musizierte auch der König mit. In den späteren Jahren war ihm das aus gesundheitlichen Gründen jedoch nicht mehr möglich.

Nach dem Konzert oder Spaziergang, den Friedrich besonders in den Monaten Juli und August bevorzugte, beliebte er es, sich zu unterhalten. Damit verging in der Regel der Rest des Tages bis zum Souper um zehn Uhr abends. Nach dem Siebenjährigen Krieg 1763 soupierte Friedrich nicht mehr. Seine Abendgesellschaften nahmen dann einen anderen Verlauf. Thiébault berichtete: »Entweder ließ er drei, vier oder höchstens sechs Generäle oder andere Hofleute bitten; diesen wurden vier Gänge und ein Nachtisch aufgetragen und zwar begann das Souper, wenn der König sich in sein Schlafzimmer zurückgezogen hatte, also spätestens um zehn Uhr. Zuweilen konnte es allerdings auch vorkommen, dass Friedrich, wenn die Unterhaltung ihn besonders interessierte, seine Gäste in den Speisesaal begleitete; er setzte sich aber nicht, sondern ging während eines oder zweier Gänge plaudernd auf und ab und verschwand dann. Oder, wenn kein Souper stattfand, weil die Eingeladenen nicht zu seinen Tischgenossen gehörten, so entließ er sie ebenfalls um zehn Uhr.«

Der König selbst äußerte sich nur sehr wenig zu seinen Tagesablauf. Gegenüber de Catt, der am 22. März 1758 ins Hauptquartier des Königs kommen sollte, machte er offenbar eine Ausnahme: »Während des Feldzuges stehe ich des Morgens um drei Uhr auf, zuweilen auch früher. Ich gestehe, es kostet mich oft Überwindung, mich so zeitig zu erheben; ich würde viel lieber noch ein paar Augenblicke im Bett bleiben, so müde bin ich; aber die Geschäfte würden darunter leiden. ... Wenn ich aufgestanden bin, so bringe ich selbst mein Haar in Ordnung, kleide mich an, trinke eine Tasse Kaffee und lese meine Depeschen; nachdem ich sie gelesen habe, spiele ich eine Stunde Flöte, zuweilen auch länger, indem ich mich immer mit meinen Briefen und den Antworten beschäftige, die ich geben muß. Dann kommen meine Sekretäre, und ich sage ihnen, was sie schreiben sollen. Darauf lese ich meine alten Bücher, neue nur selten, bis zur Stunde der Parade, wo ich die Parole ausgebe. Ich lese noch einen Augenblick vor dem Essen, das pünktlich auf zwölf Uhr festgesetzt ist. Gewöhnlich speisen einige Generale bei mir und jetzt auch der Prälat des Klosters. Dieser amüsiert mich köstlich durch seine Albernheit; während der ganzen Mahlzeit ist er die Zielscheibe meines Spottes. ... Nach dem Essen spiele ich zur Verdauung auf der Flöte, unterzeichne meine Briefe und lese wieder bis vier Uhr. Um diese Zeit werden nun Sie erscheinen; wir werden bis sechs Uhr plaudern; da beginnt mein kleines Konzert. ... Ein halb acht Uhr ist alles vorüber. Nach dem Konzert, das ich übrigens nur im Hauptquartier habe, beschmiere ich mitleidlos Papier mit Prosa und mit Versen bis um neun Uhr, wo ich mich anschicke, mich in Morpheus' Arme zu legen. Das ist meine Lebensweise. Sie ist so ähnlich, wie sie in Potsdam sein wird, im Frieden freilich, wenn es Ihnen und mir vergönnt sein sollte, dieses unschätzbare Gut wiederzugewinnen.«

Henri Alexandre de Catt war ein enger Vertrauter des Königs. Er stammte aus Morges am Genfer See, sein Vater war ein einfacher Süßwarenhändler. 1758 folgte er Friedrichs Einladung nach Potsdam. Als enger Vertrauter und häufiger Gesprächspartner wurde er Privatsekretär und »Vorleser« des Königs, der ihn fast täglich zu sich rufen ließ und den er selbst auf Märschen und in Schlachten begleitete. Der König entwickelte eine ungewöhnliche Sympathie für den jungen Mann und widmete ihm sogar ein Liebesgedicht! Friedrich nannte de Catt seinen »Verlobten«. Mit Einwilligung und Unterstützung des Königs machte sich de Catt jahrelang und zum Teil in dessen Gegenwart, seine Notizen.

In diesen Notizen erwies sich de Catt als kritischer Gesprächspartner mit durchaus eigener Meinung. Ihm blieb immer bewusst, dass des Königs Auffassungen von Menschen, vom Schicksal und von Gott in diametralem Gegensatz zu seinen eigenen Glaubensüberzeugungen standen. So gestaltete sich das Verhältnis zwischen beiden oft wechselhaft. Etwa um 1780 fiel de Catt in Ungnade, wurde aber nicht verstoßen.

Der König und sein Sekretär hatten sich 1755 auf eine wirklich ungewöhnliche Weise kennen gelernt. De Catt beschreibt das als einen »jener seltsamen Zufälle, die die Geschehnisse dieser Welt miteinander verbinden«. Als Friedrich II. gerade inkognito als angeblicher Kapellmeister des polnischen Königs auf einer Trekschuite von Amsterdam nach Wesel reiste, fand er Gefallen an dem jungen mitreisenden Mann mit durchaus angenehmem Benehmen. De Catt war damals Hauslehrer in den Niederlanden und hatte zuvor Philosophie und Theologie in Lausanne, Genf und auch noch in Utrecht studiert. Der »Kapellmeister« lud ihn in seine Kabine ein und man disputierte lebhaft über Politik, Literatur, Philosophie und den Glauben. Der Student vertrat freimütig und gewandt seine Auffassungen und scheute sich nicht, die Ansichten seines Gesprächspartners auch zu kritisieren. Später schrieb de Catt in einem Brief, Friedrich »meinte, daß es in der Welt mehr Schlechtes als Gutes gäbe. Ich behauptete das Gegenteil, und so stritten wir uns bis zum Ziel der Fahrt.«

In Utrecht verließ de Catt die Trekschuite, ohne zu wissen, mit wem er diskutiert hatte. Der positive Eindruck, den er aber mit seiner Allgemeinbildung, der Freimütigkeit und Lebensfreude hinterlassen hatte, war so stark, dass er sechs Wochen später durch ein persönliches Schreiben des berühmten Königs an den Hof nach Potsdam eingeladen wurde.

Langustiers beste Rezepte – Menü 4

Bettelmannssuppe mit Rindfleisch

Gegrilltes Lachsfilet auf
Spreewälder Gurken-Vanillegemüse
mit Paprikarahm

Gepökelte Rinderbrust mit Meerrettichsauce,
Wurzelgemüse und Rote-Bete-Püree

Apfelsinenweincreme mit Mandeln

Kolkwitzer Ziegenkäse mit Pflaumensenf

Bettelmannssuppe mit Rindfleisch

Zutaten für 4 Personen
2,5 kg Rindfleisch in Würfeln
40 g Suppengrün in Würfeln
125 g Kartoffeln in Würfeln
50 g feine Graupen
15 g Salz
1 ¼ Liter Wasser

Zubereitung
Das vorbereitete Suppengrün und die Kartoffeln heiß überbrühen und in einen Topf geben. Das schnell gewaschene Fleisch darüber legen, die sauber gequirlten Graupen, Salz und kaltes Wasser dazugießen. Topf fest verschließen und die Suppe drei Stunden langsam kochen. Entfetten und anrichten.

Gegrilltes Lachsfilet auf Spreewälder Gurken-Vanillegemüse mit Paprikarahm

Zutaten für 4 Personen
4 Lachsfilets á 200 g
300 g Gurken
160 ml Sahne
½ Zwiebel, klein
½ Vanilleschote
20 ml Öl
100 g Mehl
100 g Butter
Salz, Pfeffer

Zubereitung
Gurken schälen und das Kerngehäuse entfernen. Gurken in feine Würfel schneiden und mit Salz und Pfeffer würzen. Aus

der Sahne, Salz, Pfeffer und Vanille eine Sauce herstellen und kurz vor dem Anrichten die marinierten Gurkenwürfel und den Dill unterziehen. Lachsfilets salzen, in Öl braten und mit Weißwein ablöschen.

Für den Paprikarahm
30 g Schalottenwürfel
1 Paprika, rot
50 ml Sahne
10 g Butter
50 ml Gemüsebrühe, Salz, Pfeffer

Zubereitung
Paprika waschen, halbieren und das Kerngehäuse entfernen. Die klein geschnittene Zwiebel in einer Pfanne mit Butter anschwitzen, mit Sahne und Gemüsebrühe auffüllen, mit Salz und Pfeffer abschmecken.

Gepökelte Rinderbrust mit Meerrettichsauce, Wurzelgemüse und Rote-Bete-Püree

Zutaten für 4 Personen
1 kg Rinderbrust
1 Bund Suppengrün

100 g Zwiebeln
Salz, Piment, Lorbeer

Zubereitung
Rinderbrust waschen, in kochendes Wasser geben und aufkochen, mit einem Schaumlöffel das geronnene Eiweiß abschäumen. Die Gewürze, das Salz sowie das geputzte Suppengrün dazu geben sowie eine angeröstete Zwiebel. Nun die Rinderbrust langsam 2 bis 3 Stunden kochen, bis sie weich ist.

Für die Meerrettichsauce
300 g Rinderbrühe
100 g Sahne
30 g frisch geriebener Meerrettich
50 g kalte Butter
Salz

Zubereitung
Die Brühe mit Creme fraiche und dem geriebenen Meerrettich aufschlagen. Die kalte Butter darunter heben und mit Salz abschmecken. Wenn die Bindung noch nicht erreicht ist, kann man noch etwas helle Mehlschwitze dazugeben. Beim Servieren mit gehackter Petersilie bestreuen.

Für das Wurzelgemüse
400 g Möhren
400 g Sellerie
400 g Porree
300 g Zwiebeln
50 g Butter
Salz, Pfeffer

Zubereitung
Das Gemüse schälen, waschen und in dünne Streifen schneiden. Butter in einem Topf zerlaufen lassen, Möhren und Sellerie darin anschwitzen und etwas Brühe hinzugeben. Danach die Zwiebeln und den Porree hineintun und alles weich schwitzen. Das Gemüse mit Salz und Pfeffer abschmecken und warm stellen.

Für das Rote Bete-Püree
200 g Rote Bete
200 g Kartoffeln
40 g Butter
Salz, Pfeffer

Zubereitung
Alles weich kochen und zu einem Püree verarbeiten, Butter hinzufügen und abschmecken.

Apfelsinenweincreme mit Mandeln

Zutaten für 4 Personen
400 ml Saft von frischen Orangen
200 ml Weißwein
100 g Zucker
4 Eigelb
4 Blatt Gelatine

Zubereitung
Orangensaft unter Hitze auf ein Drittel reduzieren, mit Weißwein auffüllen und auf das zuvor mit Zucker schaumig geschlagene Eigelb langsam unterrühren. Die eingeweichte Gelatine hinzufügen und über dem Wasserbad zu einer luftigen Creme schlagen, danach in eine oder mehrere Formen abfüllen und mindestens fünf Stunden kühl stellen.

Für die Mandelbeigabe
100 g Mandeln, ganz gehäutet
30 g Butter
50 g Honig
10 ml Orangenlikör

Zubereitung
Butter und Honig unter Hitze leicht Farbe annehmen lassen, mit Orangenlikör ablöschen und die Mandeln ca. vier Minuten darin rösten. Anschließend die Mandeln auf Backpapier abkühlen lassen und grob auseinander brechen und die Apfelsinencreme damit dekorativ verfeinern.

Kolkwitzer Ziegenkäse mit Pflaumensenf

Zutaten für 4 Personen
200 g Ziegenkäse
150 g Pflaumen, entsteint
30 g Semmelmehl
20 g Zucker
40 g Butter
30 g Honig
50 ml Rotwein
15 g Dijonsenf, körnig
5 g Stärke

Zubereitung
Butter mit Honig in einer Pfanne anbräunen lassen, mit Rotwein ablöschen, reduzieren und mit Stärke die zuvor mit einem Schluck Wasser angerührt wurde, binden. Die entsteinten Pflaumen würfeln und dem Fond hinzufügen. Den Ziegenkäse in der Mischung aus Semmelmehl und Zucker wälzen und für 3 Minuten bei 200 °C im Backofen gratinieren. Das Pflaumenragout mit Senf verfeinern und im ausgekühlten Zustand, zusammen mit dem lauwarmen Ziegenkäse dekorativ anrichten.

Pasteten, größere und kleinere, standen bei fast jeder königlichen Tafel auf dem Menüplan. Diese fein gewürzten, in einer Teighülle gebackenen Gerichte aus einer Farce von Fleisch, Wild, Geflügel, auch Leber oder Fisch, liebte Friedrich II., insbesondere, wenn sie sehr scharf waren. Diese Pasteten kamen in verschiedenen Variationen auf die Tafel. So zum Beispiel als Rissolen (Halbmondpasteten) – mit Ragout gefüllte Blätter-, Pasteten- oder Hefeteige. Die gefüllten Teigteile, die halbmondförmig zusammengeklappt wurden, erhielten nach dieser Zubereitung ihren Namen.

Die in kleinen Näpfen gegarten Timbalen, so genannte Becherpasteten, sind ebenfalls mit Ragout, Pürees oder ähnlichem gefüllt. Ursprünglich wurden sie in einer Hülle aus Pasteten-, Blätter-, Mürbe- oder Nudelteig gebacken. Erkaltet wurden sie aus dem Gefäß gestürzt und mit Gelee überzogen.

Zu den Pasteten gehörten außerdem Terrinen, Schüsselpasteten genannt, die ohne Teig in Gefäßen gegart wurden. Berühmt wurde 1776 der Pastetenbäcker Taverne in Nérac, der seine »Terrine de Nérac« bis nach Spanien, England und Amerika sandte! Bei den Galantinen (Rollpasteten) wurde die Füllung ursprünglich in ausgenommenen Tierkörpern oder Teilen davon eingerollt und gegart. Später benutzte man zuvor in heißem Gelee gekochte Tücher, um das gelierende Kalbsfond damit direkt in Formen zu bringen. Die Masse bestand meist aus klein gewürfeltem Fleisch oder Fisch, gebunden mit einer mit Kräutern gewürzten Pastetenfarce.

Auch Kuchen mit einer Füllung aus Früchten, Nüssen und anderem Pasteten und solche, die in ihrer Art eher Pralinen ähnelten, wurden mit großem Aufwand hergestellt. Für die spezielle Zubereitung gab es den Pastetenbäcker. Nach Überlieferungen sind schon sechs Rezepte für Geflügelpasteten in sumerischen Keilschrifttafeln von etwa 1700 v. Chr. erwähnt! Die Blütezeit der Pastetenbäckerei lag jedoch in der Renaissance, in den Küchen des Adels und des Klerus. Die Pasteten wurden mit damals sehr teuren Gewürzen angereichert.

Seit dem 16. Jahrhundert, dem Beginn der klassischen Küche, wurden die Pastetenrezepte mehr verfeinert; es entstanden berühmte Gerichte wie die Lerchenpastete aus Chartres, die Schnepfenpastete aus Abbéville, die Entenpastete aus Amiens oder die Aalpastete aus Melun.

Als mit der französischen Revolution das Zunftrecht aufgehoben wurde, das bis dahin nur den Chairecuitiers den Verkauf von Pasteten erlaubte, eröffneten die nun arbeitslos gewordenen Köche und Pastetenbäcker der entmachteten Adligen eigene Restaurants oder boten ihre Künste im Ausland an. So kamen die Pasteten außerhalb der Grenzen Frankreichs in Mode.

Auf der königlichen Tafel Friedrichs II. standen verschiedene Pasteten. Wohl am liebsten aß er die scharf zubereitete Aalpastete. Aber auch Trüffelpastete und Pastete aus Perigord standen bevorzugt auf seinem Speiseplan. Eine kleine Anekdote ist über das Begehren des Königs nach Pasteten überliefert. Als Friedrich im Juni 1755 inkognito in Holland weilte, wünschte er in Amsterdam eine Holländische Pastete zu essen, von deren Vortrefflichkeit er viel gehört hatte. Er trug seinem Begleiter dem Oberst Balbi auf, eine solche bei der Wirtin des Hauses, in dem sie wohnten, zu bestellen. Diese sah den Oberst von Kopf bis Fuß mit Befremden an und zweifelte, ob der Herr die Pasteten auch bezahlen könne, denn eine Pastete koste immerhin »drittig Gulden«. Balbi versicherte der Wirtin, dass der Fremde, mit dem er in ihrem Hause wohne, dies sehr leicht bezahlen könne, denn er wäre ein Virtuose auf der Flöte. Wenn dieser sich nur einige Stunden hören ließe, so brächte ihm das eine Menge Geld ein. Die Wirtin aber blieb skeptisch, ging in des Königs Zimmer, setzte beide Arme in die Seite und sagte zu ihm: »Ich habe gehört sie können gut pypen, wollen Sie mir was vorpypen?« Der König war überrascht, als Balbi ihm auf Französisch erklärte, was vorgefallen war. Darauf hin ergriff er kurzerhand die Flöte und spielte einige Stücke so meisterhaft, dass die Wirtin ganz verzaubert war und nicht von der Stelle ging. Als der König die Flöte aus der Hand legte, sagte sie: »Es ist wahr mein Herr, sie können gut pypen und können einen Batzen Geld verdienen. Nun will ich Ihnen eine Pastete machen.«

Eine andere Pasteten-Anekdote soll sich am 6. Januar 1764, dem Dreikönigstag, zugetragen haben. Bei Friedrich II. hatte sich eine kleine ausgewählte Gesellschaft eingefunden, bestehend aus seinem Bruder Prinz Heinrich, den Prinzen von Braunschweig, den Generälen von Lentulus und von Krockow sowie von Pöllnitz und d'Argens. Es wurde eine übergroße Pastete aufgetragen, in der ein junges Mädchen steckte, das vom König gedichtete Verse vortrug ... In einzelnen Tagesmenüs der Tafel des Königs gab es immer wieder kleine Pasteten: à l'Espanniol vom Hammel, Pastete von Calimo, Pastete vom Lamm à l'Anglais – wobei anglais die Garstufe beim Fleischbraten bezeichnet, nach der das Fleisch innen durchgehend rosa sein soll –, kleine Pasteten von Rebhühnern, Pasteten vom Enten, Hühnern, Tauben, Fasanen, Pasteten à la Prairoraise, Pasteten à la Bairoenihse ... – der Kastellan musste in seinem Kellerarchiv das Blatt mit all den schwer lesbaren Namen erst einmal zur Seite legen. Es flimmerte vor seinen Augen und er schloss sie kurz. Pastetenrezepte, so viel war klar, gehörten unbedingt in sein geplantes Koch- und Küchenbuch.

Pasteten nach Langustier

Aalpastete im Briochteig

Zutaten für 4 Personen
1 TL Butter
1 Schalotte in Scheiben
200 g Hechtfilet
½ TL Salz
weißer Pfeffer aus der Mühle
je 1 Messerspitze Muskat und englisches Senfpulver
20 g Eiweiß
40 g Semmelmehl
220 g geschlagene Sahne
je 1 TL Dill und Estragon, gehackt

Zubereitung
Zuerst wird eine Farce bereitet. Die Butter schmelzen und die

Schalotte ohne Farbe darin anschwitzen. Erkalten lassen. Den Hecht in Streifen schneiden und mit Salz, den Gewürzen und den Schalotten bestreuen. Das Hechtfleisch zweimal durch die feinste Scheibe eines Fleischwolfes drehen. Auf Eis das leicht geschlagene Eiweiß in ganz kleinen Mengen unter das Hechtfleisch rühren. Das Semmelmehl durch ein Sieb streichen und nach und nach gut unter die Farce arbeiten. Die Farce durch ein feines Sieb streichen und so lange rühren, bis sie zu glänzen beginnt. Die Sahne löffelweise einarbeiten. Zum Schluss die Kräuter zufügen.

Für den Briochteig und den Aal
500 g Mehl
30 g Hefe
1 Ei
60 g Butter
½ TL Salz
etwas Muskat
sowie
350 g Aalfilet ohne Haut
1 Ei zum Bestreichen

Zubereitung
Das Mehl in eine Schüssel sieben, in die Mitte eine Vertiefung drücken und darin die mit der lauwarmen Milch verrührte und aufgelöste Hefe tun. Alles vermengen und 15 Minuten bei Zimmertemperatur gehen lassen. Die geschmolzene Butter mit dem Ei, Salz und Muskat verrühren und zum Hefeteigansatz geben. Einen lockeren Teig schlagen und nochmals 15 Minuten gehen lassen. Weitere 15 Minuten, mit einem feuchten Tuch zugedeckt, in den Kühlschrank stellen – so ist der Teig für die Ver-

arbeitung mit der wärmeempfindlichen Farce schön kühl und entspannt. Den Teig 4 mm stark ausrollen und mit Hilfe einer Schablone zwei Fischformen ausschneiden.

Auf einen der Teigfische die Hälfte der Farce so aufstreichen, dass ringsum ein Rand von etwa 2 cm frei bleibt. Das Aalfilet auf die Mitte der Farce legen, die restliche Farce sorgfältig darüber verteilen und glatt streichen, so dass das Aalfilet vollkommen eingeschlossen ist. Die Teigränder mit Ei bestreichen. Die zweite Teigplatte nun vorsichtig über die erste legen und die Ränder gut zusammendrücken. Darauf achten, dass zwischen Teig und Farce keine Luftblasen entstehen. Aus dem restlichen Teig die Flossen und das Maul ausschneiden, mit Ei bestreichen und auf dem Fisch andrücken oder nach Belieben verzieren. Das Auge ausstechen, einen aus Aluminiumfolie gerollten »Kamin« einsetzen und die Teigoberfläche mit Ei bestreichen. Bei 220 °C etwa 10 Minuten anbacken und bei 200 °C 35 bis 40 Minuten fertigbacken

Wildpastete mit Sauce Cumberland

Zutaten für 4 Personen
250 g Rindertalg
200 g Mehl
1 TL Salz
2–3 dl Wasser

Zubereitung
Zunächst für den Teig das Rinderfett vorbereiten. Kurz in den Kühlschrank legen, dann lässt es sich leicht aus den Häuten bröckeln und klein hacken. Mehl, Fett und Salz in einer Schüssel mit den Fingern sorgfältig durchkneten und zerbröseln. Die Fettteilchen nicht ganz zerdrücken, da sonst der Teig nicht richtig aufgeht. Das Wasser Portionsweise dazu geben, den Teig kneten, bis er geschmeidig ist. Dieser Teig benötigt keine Ruhezeit.

Für die Füllungen
140 g schieres Rehfleisch
160 g frischer Speck
ca. 8 g Pastetensalz
5 Wacholderbeeren, zerdrückt
je ½ abgeriebene Schale von Orange und Zitrone
sowie
2 Rehfilets von insgesamt etwa 250 g
etwas Pastetensalz
2 EL Öl
1 EL Butter
25 g Schalotten, gewürfelt
2 cl Cognac
120 ml stark gelierender Rehfond
4 Wacholderbeeren, zerdrückt
je ½ abgeriebene Schale von Orange und Zitrone
und
30 g geschälte Pistazien, grob gehackt
50 g gekochter Schinken gewürfelt
20 g Trüffel, gewürfelt
Butter zum Ausfetten

600 g Pastetenteig (siehe Wildpastete)
1 Ei zum Bestreichen
Eine Form von 1 l Inhalt

Zubereitung
Das von allen Sehnen und Häuten befreite Rehfleisch und den Speck in Streifen schneiden und mit den Gewürzen bestreuen. Das Fleisch zweimal durch die feinste Scheibe des Fleischwolfes drehen, den Speck nur einmal. Den Speck auf Eis unter die entstehende Farce geben und anschließend durch ein Sieb streichen. Wie bei jeder Farce zwischen den einzelnen Arbeitsgängen immer wieder gut kühlen.

Die Rehfilets mit Pastetensalz würzen und im heißen Öl ganz kurz anbraten. Die Filets herausnehmen und das Öl abgießen. Die Butter in der Pfanne schmelzen die Schalotten darin hell anschwitzen, mit Cognac ablöschen und mit dem gelierten Rehfond aufgießen. Die Gewürze zugeben und zu einem dickflüssigen Jus einkochen, diesen dann durch ein Sieb über die Rehfilets passieren und erkalten lassen.

Die Pistazien, den Schinken und die Trüffel unter die Farce mengen. Die 1-l-Form mit Butter ausstreichen und mit Pastetenteig auslegen. Die Farce etwa 2 bis 3 cm hoch einfüllen und an den Wänden etwas hoch ziehen, so dass in der Mitte eine Rinne entsteht. Die Rehfilets hintereinander einlegen und mit dem dickflüssigen Jus beträufeln. Die restliche Farce darüber verteilen. Die überhängenden Teigränder in die Farce legen und mit einer Teigplatte abdecken. Eine Öffnung für den Dampfabzug ausschneiden, den »Kamin« einsetzen und die Teigoberfläche mit Ei bestreichen. Backzeit insgesamt etwa 40 Minuten. Bei 220 °C etwa 15 Minuten anbacken und dann bei 180 °C fertig backen.

Für die Sauce Cumberland

1 Orange
½ Zitrone
100 ml Rotwein
1 EL Johannesbeergelee
1 TL Preiselbeeren
1 Messerspitze Meerrettich
1 Prise Cayennepfeffer
Salz
½ TL Senf

Zubereitung

Die dünn abgeschälte Orangenschale sowie etwas Zitronenschale in sehr feine Streifen (Julienne) schneiden, mit wenig Wasser schnell aufkochen, abschütten und in Rotwein weich kochen. Johannesbeergelee und ein Löffelchen Preiselbeeren passieren, etwas englisches Senfpulver mit Rotwein glatt rühren und darunter mengen. Mit dem Saft der geschälten Orange, etwas Zitronensaft, geriebenem Meerrettich und einem Hauch Cayennepfeffer abschmecken. Die Sauce mit den abgekühlten Schalenstreifen vollenden und zu den Wildpasteten geben

Geflügelleberpastete mit Johannisbeersauce

Zutaten für 4 Personen
800 g Geflügelleber
10 g Würzsalz, hergestellt aus der Mischung für Farcen von zartem Fleisch
⅓ TL weißer Pfeffer
¼ l alter Portwein
2 cl Armagnac
1 Kastenform von 2–2 ½ l Inhalt
600 g Pastetenteig (siehe Wildpastete)

Zubereitung
Die Geflügelleber von Häuten und Adern befreien, salzen, würzen und in eine Schüssel geben, mit Portwein und Armagnac begießen. 24 Stunden mit Folie abgedeckt kühl marinieren. Die Geflügelleber aus der Marinade nehmen, in einem Sieb abtropfen lassen und in eine gleichmäßige Form bringen. Die Marinade aufkochen und die Menge auf 2 bis 3 Esslöffel reduzieren, dann abkühlen lassen. Die Kastenform mit Butter ausstreichen und mit Pastetenteig auslegen. Die Leber zur Hälfte in die Form geben, mit der reduzierten Marinade übergießen und die restliche Leber darauf tun. Die überhängenden Teigränder über die Leber legen und mit einer Teigplatte abdecken. Eine Öffnung für den Dampfabzug ausschneiden, den »Kamin« einsetzen, die Teigoberfläche mit Ei bestreichen. Backzeit insgesamt etwa 40 Minuten. Bei 220 °C etwa 15 Minuten anbacken und bei 180 °C fertig backen.

Für die Johannesbeersauce
100 g Johannesbeergelee
10 ml Birnenessig
10 g Honig
15 ml Limettensaft
Pfeffer, Salz
10 ml Cognac
Schale von 1 unbehandelten Orange

Zubereitung
Alle Zutaten zu einer homogenen Sauce vermixen und mit einer Orangenschale verfeinert an die Pastete geben.

Königspastete mit Spargel-Schinken-Ragout

Zutaten für 4 Personen
150 g Spargel
2 EL Zitronensaft
¼ l Geflügelvelouté (Zubereitung siehe S. 109)
⅛ l Sahne
175 g Kochschinken
1 TL Worcestersauce
2 TL Zitronensaft
Salz, Pfeffer

Zubereitung
Zitronensaft mit 100 ml Wasser zum Kochen bringen und den Spargel darin 5 Minuten kochen, dann abtropfen und klein schneiden. Die Geflügelvelouté aufkochen und die dickflüssig eingekochte und passierte Sahne dazu gießen. Unter Rühren einkochen lassen bis die Sauce sämig ist. Inzwischen den Kochschinken würfeln. Die Sauce mit den Gewürzen abschmecken, den Kochschinken sowie den Spargel dazu geben und erhitzen, aber nicht kochen.

Für den Teig
300 g Blätterteig (fertig als Block)

Zubereitung
Zwei Blätterteigplatten mit Hilfe von Wasser oder Eiweiß zusammen kleben und einmal kurz mit einem Nudelholz oder Ersatz rüberrollen, damit der Blätterteig stabiler wird. Den Teig dann 6 bis 7 mm stark ausrollen und darauf achten, dass in alle Richtungen ausgerollt wird. Mit je einem scharfen Ausstecher von 7 cm und von 4,5 cm Durchmesser Ringe ausstechen. Den Teigrest etwa 2 mm stark ausrollen und gleichgroße Böden ausstechen. Ein Backblech mit Wasser benetzen und die Böden darauf legen und mit einer Gabel einstechen. Ringe vorsichtig mit Eiweiß einstreichen und mit der bestrichenen Seite nach unten auf die Böden legen und auf der Oberseite mit Eigelb bestreichen. Alufolie 2- bis 3-fach als Backhilfe falten und an den Teiginnenrand anlegen. Für die Pastetendeckel wird ebenfalls der Teigabfall 2 bis 3 mm stark ausgerollt. Mit einem gezackten oder glatten Ausstecher von 6 cm Durchmesser die Deckel formen, mit Eigelb bestreichen und zur Dekoration mit einer Gabel Wellenlinien leicht in den Teig drücken.

Für die Geflügelvelouté
40 g Butter
20 g Zwiebeln
50 g Mehl
1 ½ l kalte Brühe, vollkommen entfettet
500 ml Sahne
Salz, Pfeffer

Zubereitung
In der zerlaufenen Butter die Zwiebelwürfel glasig anschwitzen, Mehl darüber stäuben und 5 Minuten hell anschwitzen. Löffelweise die kalte Brühe dazu geben, unter ständigem Rühren die Sauce zum Kochen bringen. Die Velouté 30 Minuten kochen lassen. Der Schaum, der sich währenddessen bildet, bindet alle Unreinheiten in der Sauce und muss deshalb immer wieder abgeschöpft werden, bis die Sauce schaumfrei ist. Die Sauce separat unter Rühren dickflüssig einkochen und dann durch ein Sieb gießen, damit eventuelle Klümpchen zurückbleiben. Weitere 15 Minuten kochen lassen und danach durch ein Tuch passieren.

Pikante Käse-Croissants

Zutaten für 4 Personen
4 Platten à 10 mal 10 cm Blätterteig
100 g Edamer oder Gouda
50 g Paprika, rot

50 g Paprika, grün
Salz, Pfeffer, Paprika, edelsüß
1 Ei zum Bestreichen
2 EL geriebener Parmesan

Zubereitung
Den Blätterteig auf einer bemehlten Arbeitsfläche ausbreiten, mit der Mischung aus Käse- und Paprikawürfeln sowie den Gewürzen belegen und diagonal die Vierecke zu Croissants rollen. Mit Ei bestreichen und mit geriebenem Parmesan bestreuen. Die Croissants bei 220°C etwa 5 Minuten, danach bei 180 °C etwa 7 Minuten backen.

Von den Pasteten führte die Lektüre den Kastellan Franz Heinrich Richter wieder zu den Ereignissen in Friedrichs II. Leben und zu den Notizen über dessen Dienstmänner.

Ein neuer Vorleser beim König

Nachdem de Catt seine Position als Vorleser des Königs auf Grund der schon erwähnten Unstimmigkeiten nicht mehr wahrnehmen konnte, suchte sich Friedrich einen neuen Mann. So empfing er im Schloss Sanssouci den Herrn Charles Dantal, der den Beruf eines Lehrers für französische Sprache im Potsdamer Waisenhaus ausübte. Der wurde von Friedrich ab mittags, um halb vier, im Vorlesen geprüft. Tatsächlich war der König mit der Leistung des Pobanden so zufrieden, dass Dantal ab dem 16. November 1784 im Potsdamer Schloss als Vorleser des Königs beschäftigt wurde. Die Vorlesung aus einem Buch, welche eine kurz gefasste Geschichte der Griechen enthielt, wurde im November des gleichen Jahres fünf Mal fortgesetzt. Auch in den folgenden Jahren bis hin zum Tod Friedrichs II. las Dantal regelmäßig beim König die unterschiedlichsten Werke vor.

Im Schloss Sanssouci wurde zum Beispiel Voltaires »Jahrhundert Ludwigs XIV.« in einer Folge von Fortsetzungen in der zweiten Julihälfte 1786 vorgelesen. Einen Monat später starb der Monarch.

Noch in den letzten Tages seines langen Lebens beschäftigte sich der König mit der schönen Literatur und las auch ganz für sich allein, zum Beispiel »l'Evangile du Jour p. Voltaire« und den »Quintilian«.

Davon, dass das Musizieren immer wieder zum Tagesablauf von Friedrich II. gehörte, wurde schon erwähnt. Für gewöhnlich spielte er täglich eine halbe Stunde Flöte, bis die Briefe, die die Cabinetsräte vorbereiteten, zur Vollziehung, also zur Durchsicht und Unterzeichnung, eintrafen.

Um sieben Uhr abends begann in der Regel ein einstündiges Konzert, um halb neun wartete die Abendtafel. Der »Dämon«-Bulletinsschreiber beschrieb diese Konzerte: »Es besteht meist aus Blasinstrumenten, der König selbst spielt häufig auf seiner Flöte mit. Die Künstler gehören zu den besten in Europa. Er hat drei – wie soll man sie nennen? Männlichen Geschlechts, einen Tenor und Mamsell Astrua, eine Italienerin – sie haben ganz besondere einzigartige Stimmen. Mittelmäßigkeit verträgt Friedrich nicht. Gesungen wird sehr selten. Um zu solchen Konzerten eingeladen zu werden, bedarf es der intimen Gunst, hie und da etwa ein vornehmer junger Lord, wenn sich ein solcher einstellt.«

Über die Mittagstafel schrieb das Bulletin, dass sie eine Stunde dauere. Der »Dämon« wusste es offensichtlich nicht besser, weil von den Schreibern keiner einer solchen Tafel beigewohnt hatte, vermutete der Kastellan und registrierte nur kurz, wie schlecht unterrichtet die Zeitgenossen durch die Presse waren, wenn sie verkündeten, dass der König sich gern nach der Tafel mit einem seiner jungen Gäste zurückzog: »Diese sind alle schön zum Malen (faits a peindre) und mit den allerschönsten Gesichtern.« Die Malerei gehörte ganz und gar nicht zu den bevorzugten Zeitvertreiben des Königs!

Franz Heinrich Richter begann nun die aufgefundenen Notizen zu den königlichen Geburtstagen zu ordnen. »Über meinen Vater hatte ich nicht viel über die Geburtstagsfeiern des Königs erfahren. Ich hatte immer gedacht, der König lädt seine Familie und Gäste zu kleinen oder größeren Hoffesten ein. Aber das schien nicht sein Pläsier gewesen zu sein.«

Die königlichen Geburtstage

Schon unter Friedrichs Vater wurden zu Geburtstagen kaum größere Festlichkeiten gegeben und seit Friedrichs Inthronisierung 1740 feierte der König seine Geburtstage bei seiner Mutter im Schloss Monbijou. Bei diesen Ehrenfesten war die gesamte Familie anwesend. Friedrich machte aus seiner Verehrung für die Königinmutter, die viele Jahre unter der Regentschaft seines Vaters, Friedrich Wilhelm I., zu leiden hatte, nie einen Hehl und war bemüht, dies auch zu zeigen.

In der Zeit als der König im Felde war, feierte er seine Geburtstage überhaupt nicht. Er hielt es schlicht für unangebracht. Die größte Unterbrechung der Geburtstagsfeierlichkeiten gab es während des Siebenjährigen Krieges zwischen 1756 und 1763. Größere Feiern vermied Friedrich in dieser Zeit fast völlig. Als er nach dem Krieg wieder in Berlin einzog, benutzte er nicht einmal das ihm zu Ehren errichtete Portal.

Erst 1764 kam es zu einer bis dahin nie gekannten großartigen und opulenten Geburtstagsfeier am Hofe. Das Glockenspiel der Parochialkirche in Berlin spielte die Melodie »Te Deum laudamus« sowie Lobes- und Dankeslieder. Mitglieder der Freimaurerloge, der Akademie der Wissenschaften und Gymnasiasten huldigten in Festreden dem großen Monarchen. Zu seinen Ehren und mit der Unterstützung des Königs wurde im Schlosstheater das Lustspiel »L'Arlequin sauvage« von französischen Hofkomödianten aufgeführt. Zum ersten Mal seit seiner Thronbesteigung bot das Berliner Schloss den Rahmen für dieses Hoffest. Der König gab einen großen Ball und ein Souper. In der Hofküche gab es wieder viel zu tun.

Wie der Archivar den Aufzeichnungen entnahm, fanden dann Gratulationscour und Geburtstagstagsfeiern ab 1765 mit der Königin und dem gesamten Hofstaat beim Prinzen Heinrich statt. Zwischen 1765 und 1770 entwickelte sich daraus ein immer gleicher Ablauf für die Feier, den Friedrich auch nicht verändern wollte: auf Huldigung und Gratulationscour folgte die Mittagstafel mit den Köstlichkeiten der Hofküche und am Abend gab es eine Oper und einen Ball. Als 1771 die Festlichkeiten des Hofes bei der Königin selbst stattfanden, endete dieser Abend mit einem Konzert.

»Ich schlug die nächste, schon angerissene Seite auf«, berichtete der Kastellan später vom Fortgang seiner Archivarbeit. »Dort war zu lesen, dass Friedrich 1772 zuerst die übliche Gratulationscour in Potsdam veranstaltete und nach den offiziellen Hoffeierlichkeiten mit seiner Gemahlin, der Königin von Schweden sowie sämtlichen Prinzen und Prinzessinnen wieder beim Prinzen Heinrich speiste. In den folgenden Jahren, so verrieten die Aufzeichnungen, fanden die Hoffeierlichkeiten wieder zum größten Teil bei der Königin in Berlin statt.«

Aber für diesen Tag sollte es genug sein, langsam lichteten sich die unübersichtlichen Papierberge. Müde sah sich der Kastellan um. Für eines allerdings war er noch nicht zu müde, er belohnte sich mit weiteren Küchenzetteln für sein königliches Kochbuch.

Langustiers beste Rezepte – Menü 5 (Abenddinner)

Gebeizte Bachforelle mit Parmesan und Feldsalat

Suppe vom Sauerampfer

Feines Ragout mit Morcheln und Sardellen im Reisrand

Bardiertes Rinderfilet mit Rotwein- Zwiebeln
und gebackener Kartoffelscheibe

Kirschgrütze mit warmer Vanillesauce

Gebeizte Bachforelle mit Parmesan und Feldsalat

Zutaten für 4 Personen
150 g Feldsalat
1 ½ kg Bachforellenfilet
80 g Parmesan
Dijonsenf
Saft von einer ½ Zitrone
30 g Zucker
Salz, Pfeffer, Lorbeer
Kräuter der Provence
Feldsalat

Zubereitung
Eine Mischung aus Zucker, Salz, Lorbeer und Kräutern der Provence fertigen und das Bachforellenfilet 24 Stunden darin einlegen, bis das Filet vom Wasser befreit ist. Honig mit dem Dijonsenf vermengen, dazu den Saft von einer ½ Zitrone mit Salz abschmecken und nach Belieben Kräuter hinzufügen. Den Parmesan fein reiben und in eine kalte Pfanne streuen. Langsam erhitzen, bis der Parmesan flüssig ist, dann abkühlen lassen, aus der Pfanne nehmen und in Ringen ausstechen.

Den Feldsalat gründlich waschen und abtropfen lassen und eventuell leicht gewürzt beilegen.

Suppe vom Sauerampfer

Zutaten für 4 Personen
200 g Weißwein
500 g Sauerampfer
100 g Schalotten
100 g Butter
800 g Hühnerbrühe
200 g Creme fraiche
2 Eigelbe
100 g geröstete Brotwürfel

Zubereitung
Wein, Schalotten, Salz und Pfeffer in eine Kasserolle geben, aufkochen und etwas einkochen lassen. Sauerampfer waschen,

Blättchen abrupfen und in die eingekochte Weinmischung geben Butter in kleinen Flocken unter schlagen. Hühnerbrühe aufkochen. Creme fraiche mit Eigelb verrühren, unter die aufgekochte Brühe geben, ständig weiter rühren. Sauerampferreduktion in die Brühe geben und abschmecken.

Die Suppe heiß und mit Brotwürfel garniert servieren.

Feines Ragout mit Morcheln und Sardellen im Reisrand

Zutaten für 4 Personen

1 frisches Landhuhn (Suppenhuhn)
100 g frischer Spargel
50 g frische Champignons
50 g Morcheln, frisch oder getrocknet
50 g Butter
⅛ l Weißwein
30 g Mehl
⅛ l Sahne
1 Eigelb
1 Bund Suppengrün
100 g Zitrone
8 Havelkrebsschwänze
4 Sardellenfilets
etwas Hühnerbrühe

Zubereitung
Das Suppenhuhn waschen und 1 ½ Stunden in Salzwasser legen, danach mit dem Suppengrün langsam weich kochen. Etwas abkühlen lassen und das Hühnerfleisch lösen, von Sehnen und Haut befreien. Fleisch in Würfel schneiden, Spargel und Pilze garen und ebenfalls in Würfel schneiden. Alles gut mischen und mit Wein und Zitrone marinieren. Aus Butter, Mehl und Brühe eine weiße Sauce kochen und über das geschnittene Fleisch und Gemüse geben und aufkochen. Mit Eigelb und Creme fraiche legieren.

Bardiertes Rinderfilet mit Rotwein-Zwiebeln und gebackener Kartoffelscheibe

Zutaten für 4 Personen
600 g Rinderfilet
200 g Schalotten
200 ml Rotwein
1 Zweig Rosmarin
100 ml Portwein
600 g Kartoffeln
3 Eier
20 g Butter
10 g Sahne

10 g Stärke
Salz, Pfeffer, Muskat

Zubereitung
Zunächst das Rinderfilet panieren, kräftig mit grobem Pfeffer, Salz und Kräutern der Provence würzen. In Speck, der zuvor nacheinander auf eine Frischhaltefolie gelegt wurde, einwickeln. Das Rinderfilet im Speckmantel in vier gleichgroße Stücke schneiden, in einer schweren Pfanne scharf von beiden Seiten anbraten, Butter, Rosmarin und Thymianzweig hinzufügen. Bei ca. 100 °C im Backofen zum gewünschten Garpunkt führen.

Für die Rotwein-Schalotten Butter in einem Topf zerlassen und etwas Zucker dazu geben. Die Schalotten schälen, in Keile schneiden und in der Butter anschwitzen sowie mit einer angedrückten Knoblauchzehe, Lorbeer, Piment und Thymian verfeinern. Wenn die Schalotten glasig sind mit Rotwein und Portwein ablöschen und etwas einkochen lassen. Eventuell mit Stärke abbinden und mit Salz und Pfeffer abschmecken.

Für den gebackenen Kartoffelbrei die geschälten Kartoffeln in dünne Scheiben schneiden. Das Ei mit Sahne vermengen und mit Salz, Pfeffer und Muskat würzen. Die Kartoffelscheiben dann mit der Eimasse bestreichen und im Ofen bei 160 bis 170 °C backen. Zur Verfeinerung etwas Kräuter oder geriebenen Parmesan zu der Eimasse hinzufügen.

Kirschgrütze mit warmer Vanillesauce

Zutaten für 4 Personen
500 g Sauerkirschen, ohne Steine
150 g Zucker
½ l Kirschsaft
35 g Speisestärke
Zimt

Zubereitung
Kirschsaft, Zucker und die Hälfte der Früchte zum Kochen bringen und mit der vorher kalt angerührten Speisestärke binden, abschmecken und die restlichen Kirschen darunter heben und in Portionen abfüllen.

Für die Vanillesauce
¾ l Milch
4 Eigelbe
150 g Zucker
10 g Mehl
1 Vanilleschote oder Vanillezucker

Zubereitung
Eigelb, Zucker und Mehl verquirlen und zusammen mit der ausgekratzten Vanilleschote in die heiße Milch geben. Bei mäßiger Hitze ohne zu kochen eindicken und abschmecken.

Seit Jahrhunderten wurden die unterschiedlichsten Geflügelgerichte mit Gemüse, Früchten und Saucen zubereitet und bildeten auch einen wichtigen Bestandteil der europäischen Hofküche. In der friderizianischen Küche wurden für die Tafelrunden und die Speisefolgen verschiedene Gerichte aus Hühnern, Fasanen, Tauben oder anderem Vogelgetier zubereitet. Das zubereitete Huhn selbst war besonders wichtig für die Suppenzubereitung. Natürlich waren auch Braten auf der Tafel zu finden. Beliebt waren der Kapaun, die Ente und die Ganz – diese Tiere wurden in Preußen gezüchtet und konnten so auf kürzestem Wege zum König geliefert werden. Durch den kurzen Anfahrtsweg konnten die Frische des Fleisches und somit seine Qualität garantiert werden.

Als Wildgeflügel oder Federwild galten Wildente, Fasan, Rebhuhn, Perlhuhn, Birkhuhn, Haselhuhn, Lerche, Schnepfe und Wacholderdrossel. Bis in die Renaissance wurden auch Schwäne und Pfaue zu festlichen Mahlzeiten des Adels und der Geistlichkeit verzehrt. All diese geflügelten Köstlichkeiten waren natürlich auf den königlichen Küchenzetteln aus der Zeit Friedrichs II. zu finden und bereicherten den exotischen Teil der Tafelrunden ungemein.

Geflügel nach Langustier

Geschmorter Fasan in Sahnesauce mit Preiselbeerkraut und grünen Klößen

Hähnchenbrust in Eihülle mit jungen Möhren, Erbsen und Petersilienkartoffeln

Gebratene Gänseleber mit Honig, Apfel-Zwiebel-Gemüse und Kartoffelschnee

Geflügelklein mit Petersiliensauce und Sandkartoffeln

Geschmorter Fasan in Sahnesauce mit Preiselbeerkraut und grünen Klößen

Zutaten für 4 Personen
2 Fasane
150 g durchwachsener Speck
80 ml Öl
200 g saure Sahne
50 g Butter
30 g Mehl
80 g Zitrone
100 g Zwiebeln

800 ml Brühe
Salz, Pfeffer, Majoran

Zubereitung
Fasan gründlich reinigen, würzen und mit dem Speck spicken. In einer Pfanne mit heißem Fett von allen Seiten braten, die Zwiebel dazu geben. Von Zeit zu Zeit den Fasan mit Brühe ablöschen und übergießen bis er knusprig ist. Nachdem der Fasan innen weich gekocht ist, aus der Pfanne nehmen und von dem Bratenansatz durch Ablöschen einen Bratenfond herstellen. Saure Sahne hinzufügen, glatt rühren mit einer Mehlschwitze binden und abschmecken. Die fertige Sauce durch ein Sieb reiben und mit etwas kalter Butter aufmontieren.

Für die Klöße
2 kg Kartoffeln
Salz
¼ l Wasser
50 g Weißbrot
20 g Margarine
2 l Salzwasser

Zubereitung
1½ kg rohe Kartoffeln schälen, reiben, ausdrücken, in eine Schüssel geben, Salz hinzufügen, mit kochendem Wasser oder Milch aufbrühen. 500 g gekochte Kartoffeln zugeben und alles gut vermengen. Weißbrotwürfel in der Margarine braten. Den Kloßteig in 12 gleiche Stücke aufteilen, mit nassen Händen den Teig breitdrücken und Weißbrotwürfel hinein geben. Die Klöße formen und in sprudelndes Salzwasser tun. 15 Minuten schwach kochen und weitere 10 Minuten ziehen lassen.

Für das Preiselbeerkraut
800 g Rotkraut
50 g Butter
2 herbe Äpfel
1 Zwiebel
2 Nelken
Salz, Zucker,
½ l Brühe
Essig oder Rotwein
80 g Preiselbeeren

Zubereitung
Das gehobelte Rotkraut in dem siedenden Fett so lange umwenden, bis es zusammenfällt. Dann die klein geschnittenen Äpfel ohne Schale und Kerngehäuse, die mit Nelken besteckte Zwiebel, ½ TL Salz, 1 TL Zucker, die Preiselbeeren sowie das heiße Wasser zufügen und das Kraut zugedeckt gar dünsten. Mit Essig, Zucker und Salz süß-sauer abschmecken

Hähnchenbrust in Eihülle mit jungen Möhren, Erbsen und Petersilienkartoffeln

Zutaten für 4 Personen
600 g Hähnchenbrust
120 g Finger-Möhren
500 g Erbsen
800 g Kartoffeln
1 EL Paprikapulver
Salz, Pfeffer
1–2 Zitronen
8 Eier
30 g Petersilie, gehackt
Rosmarin nach Bedarf

Zubereitung
Für die Hähnchenbrust, zunächst das Ei mit Salz, Pfeffer, Paprikapulver und Zitronensaft mischen. Hähnchenbrust ebenfalls mit salzen und pfeffern, ein- bis zweimal in Mehl und Ei wenden und in einer heißen Pfanne mit wenig Öl braten.

Die geputzten Möhren in siedendes Salzwasser geben, bis zum gewünschten Garpunkt garen und im kalten Wasser abschrecken. Die Erbsen ebenfalls in siedendes Salzwasser geben und später mit kaltem Wasser abschrecken.

Die geschälten Kartoffeln in Salzwasser kochen. Nachdem sie gegart sind, in heißer Butter anschwenken und vor dem Anrichten mit gehackter Petersilie bestreuen.

Gebratene Gänseleber mit Honig, Apfel-Zwiebel-Gemüse und Kartoffelschnee

Zutaten für 4 Personen
500 g Gänseleber
10 g Butter
50 g Mehl
50 g Honig
Pfeffer, Salz

Zubereitung
Gänseleber in Mehl wälzen und in Butter braten, mit Salz, Pfeffer würzen und mit Honig glasieren. Die Leber bis zum gewünschten Garpunkt garen und ruhen lassen.

Für das Apfel-Zwiebel-Gemüse
4 Äpfel
500 g Zwiebelringe
Mehl, Paprikapulver

Zubereitung
Zwiebelringe mit Paprika und Mehl bestäuben und in heißem Fett von beiden Seiten hellbraun braten. Die entkernten Apfelscheiben in Butter gar und braun braten, anschließend auf einer Platte warm halten

Für den Kartoffelschnee
500 g Kartoffeln, Salz, Muskat

Zubereitung
Kartoffeln schälen, in Salzwasser kochen, durch die Presse drücken und eventuell mit Muskat bestreuen.

Geflügelklein mit Petersiliensauce und Sandkartoffeln

Zutaten für 4 Personen
300 g Geflügelklein
1 ½ l Wasser
Salz
Wurzelwerk
Petersilie

Zubereitung
Das Geflügelklein (Kopf, Hals, Flügel, Magen, Herz) sehr sauber waschen und putzen, in leicht gesalzenem Wasser zusammen mit dem Wurzelwerk gar kochen. Die Brühe abgießen und das Fleisch vom Knochen lösen, in gleichmäßige Stücke und den Magen in Scheiben schneiden; mit etwas Brühe übergießen und warm stellen.

Für die Petersiliensauce
100 g saure Sahne
50 g gehackte Petersilie
300 ml Geflügelbrühe (z. B. vom Geflügelklein)

Zubereitung
Geflügelbrühe aufkochen und 100 g saure Sahne sowie die Petersilie hinzufügen.

Für die Sandkartoffeln
400 g gekochte Kartoffeln
100 g Butter
50 g Semmelmehl

Zubereitung
Butter zerlaufen lassen und das Semmelmehl goldbraun rösten, dann die warmen gekochten Kartoffeln darin schwenken.

Die königlichen Tafelrunden in Sanssouci glichen jenen, die Friedrich am Rheinsberger Hof gepflegt hatte. Manche seiner Begleiter nahmen noch immer an den Tafelrunden teil. Sie wussten, dass der König es sehr liebte, bei diesen Anlässen im Mittelpunkt zu stehen. Oft riss der König dabei die Gespräche an sich, auch wenn er keine Ahnung von den Dingen hatte, um die es gerade ging. Diese mit dem Alter zunehmende Eigenschaft wirkte sich sehr negativ auf sein gesamtes Umfeld aus. Immer öfter kam es vor, dass geladene Gäste der Tafelrunde fern blieben und bis schließlich diese Runden nicht mehr stattfanden. Der König vereinsamte zusehends.

Der »Tafelrunde von Sanssouci« gehörte zum Beispiel der General Heinrich August de la Motte Fouqué an, der dem König als letzter aus dem Rheinsberger Freundeskreis treu geblieben war. An den Potsdamer Tafelrunden beteiligten sich nachweislich Männer wie Graf Rothenburg, de La Mettrie, der

Autor des Buches »L'Homme machine«, der Marquis d'Argens, Akademiepräsident Maupertuis sowie einige Mitglieder des schottischen Hochadels, wie die Brüder Keith. Ferner blieben der Kammerdiener Fredersdorff, der Vorleser Darget und der Sekretär Eichel Gäste der königlichen Tafelrunden.

Einer überlieferten Episode zur Folge lief eine solche Tafelrunde wie folgt ab: Der schreibende Arzt de La Mettrie wurde vom König nicht besonders geschätzt. Er betrachtete ihn vielmehr als einen Possenreißer, der zuweilen »entre deux vins« belustigen könnte. »Der König schraubte ihn oft, zuweilen nicht auf ganz seine Art, um ihn schatzen zu machen, damit es etwas zu lachen gäbe; sagte er gemeiniglich viel Drolliges, und er erlaubte sich dann auch oft vieles, was ein anderer nie würde gewagt haben, und es ging ihm durch.«

Zum Ende einer Abendtafel, wenn der König besonders aufgeräumt war, »schraubte« er La Mettrie auf mancherlei Weise hoch und dieser antwortete allerlei, was dem König vermutlich weniger gefiel, als er es sich anmerken ließ. Das Gespräch wurde zwischen beiden immer lebhafter. La Mettrie hatte etwas von Königen, Staat und Politik fallen lassen, der König griff das auf und rief aus: »Hört, La Mettrie, Ihr seid ein Arzt und ein gewaltig gelehrter Mann dazu, aber bleibt weg von der Politik, das ist nicht Eure Sache; bleibt bei dem, was Eure Sache ist. – Geht.« Letzteres sagte er nur halblaut und neigte sich dabei vertrauensvoll zu La Mettrie: »Wir haben jetzt eben von so vielen feinen Ragouts und schönen Frikasseen gegessen. Ihr wißt ja, als ein erfahrener Arzt, was aus all den Ragouts in wenigen Stunden wird. Nun sagt uns einmal, wie sich das alles so sehr verwandeln kann und welchen Teil jedes Ragout an der Masse haben wird? Nun sagt es hurtig her, Doktor!«

Franz Heinrich Richter überlegte, als er von diesen Episoden las, ob er vielleicht auch eine spezielle Mappe mit den Biografien der am Hofe und in Friedrichs Leben auftauchenden Personen anlegen sollte. Allerdings war ihm klar: Das allein wäre eine Sisyphosarbeit und das gesichtete Material war dafür eigentlich gar nicht geeignet. Dennoch eröffnete er für alle Fälle einen neuen Stapel mit biografischen Notizen über die Gäste der Tafelrunden.

Julien Offray de La Mettrie war der Sohn eines Textilkaufmanns. Er selbst war ein studierter Doktor der Medizin und praktizierte einige Jahre als Landarzt. Als er sich 1742 in Paris niederließ, publizierte er neben seinen medizinischen Arbeiten auch kritische Essays über die angebliche Unfähigkeit sowie die »Geschäftspraktiken« seiner etablierten Mediziner-Kollegen. Nachdem seine Bücher, die er eigentlich ohne seinen Namen drucken ließ, verbrannt worden waren, schien er in Paris nicht mehr sicher zu sein und floh ohne seine Familie in die Niederlande. Dort verfasste er 1747 ein Werk, das ihn berühmt machende »L'Homme machine«. Doch selbst in den Niederlanden, in denen verbotene Bücher für ganz Europa gedruckt wurden, war La Mettrie bald nicht mehr sicher. Durch die Vermittlung seines Landsmannes Maupertuis erhielt er die Einladung Friedrichs II., an dessen Potsdamer Hof nach Sanssouci zu kommen. Leider erwies sich La Mettrie in den späteren Jahren offenbar als äußerst unwürdig, dem König gegenüber. Nicht nur, dass er in der Stadt herumtratschte, was an des Königs Tafel vorgefallen war – nein, seine Berichte erwiesen sich im Nachhinein sogar als falsch und sehr hämisch. La Mettrie starb 1751, weil er sich an einer Trüffelpastete eine Lebensmittelvergiftung zugezogen hatte.

Der geschickte Politiker Francesco Algarotti genoss seine Anwesenheit bei Friedrich. Er war ein sehr feiner Mann und geschickter Politiker, der mit den Tischgesellschaften auch sein eigenes Ansehen aufpolierte. Er gefiel sich in der Gegenwart Friedrichs einfach sehr gut, weil dieser ein Mann von Geist – und weil er der König war.

In Pierre-Louis Moreau de Maupertuis schätzte der König zunächst den Wissenschaftler und seinen angenehmen Umgang. Maupertuis ein Mann mit allerlei Grillen im Kopf, beneidete jeden, dem der König mehr Aufmerksamkeit schenkte, als ihm selbst. Immer hatte er das Gefühl, nicht genug von Friedrich II. zu bekommen und fiel dem König durch seine aufdringliche Art bald zur Last.

Voltaire war, obgleich bei weitem der größte Schriftsteller unter allen, auch der undankbarste Tafelgeselle gegen den König. Er war neidisch gegen jeden, den der König vorzog. Seine meiste Bitterkeit gegen Friedrich kam daher, dass er sich nicht genug von ihm vor den übrigen gelehrten Männern ausgezeichnet glaubte. Oft agierte er voller Stolz, wenn die Runde gerade in bester Laune war. So kam es, dass er so manchen Tafelgast auf das übelste verärgerte, nur um sich dadurch hervor zu tun. Friedrich selbst musste zwei Mal gegen den Freund als König sprechen und ihn so in seine Schranken verweisen. Diese Eingriffe empfand Voltaire als sehr demütigend, fügte sich aber schleunigst dem Wort des Gastgebers. Später meinte er, sich dafür rächen zu müssen und sprach schlecht und unwahr hinter des Königs Rücken. Voltaire prahlte damit, dass er angeblich Friedrichs Werke korrigiert habe – eine Farce, die später von d'Argens aufgedeckt wurde.

Gewiss ist, dass Voltaire von den Schriften des Königs, die ihm unter dem Siegel der Verschwiegenheit anvertraut waren, heimlich Abschriften nehmen ließ, die gegen den Willen des Königs öffentlich bekannt wurden. Trotz dieser Maßlosigkeit und üblen Nachstellung schätzte der König Voltaires außerordentliches Talent und liebte ihn mehr, als der es verdient hatte. Schon während des Siebenjährigen Krieges, kurze Zeit nach dem Eklat, stand der König erneut mit Voltaire in Korrespondenz und, dem Anschein nach, im besten Vernehmen.

Der Marquis d'Argens war von allen Tafelgästen wohl der ehrlichste, mit der größten Zuneigung zum König, die keine Falschheit duldete. Der König selbst schätzte den Franzosen unter allen seinen Gästen am meisten und hatte zu ihm ein sehr vertrautes Verhältnis. Friedrich und d'Argens scherzten oft miteinander – war einer von beiden nicht bei Laune, so registrierte der andere dies sehr schnell. Manchmal stritten sie sich, wurden laut oder sprachen einige Tage nicht miteinander. D'Argens nutzte den Witz in seiner Konversation, ließ sich jedoch hin und wieder zu lebhaften Zornesausbrüchen hinreißen, wenn der König ihn zu sehr mit seinen Sticheleien reizte, was jenen wohl noch zu belustigen schien.

In einer Zeit von fast dreißig Jahren waren d'Argens und Friedrich eng miteinander befreundet. Der Franzose fiel nie in Ungnade beim König – allein an dem Tag, als er ganz nach Frankreich zurückkehrte, war Friedrich sehr enttäuscht.

Während des Siebenjährigen Krieges tauschten sie fast täglich Briefe aus. Als das neue Schloss bei Potsdam fertig gestellt war, ließ der König seinem Freund ein Zimmer herrichten und hoffte, dass dieser es in Zukunft bewohnen würde. Eines Tages sagte er, er würde d'Argens persönlich in seine Wohnung einführen wollen und sich dann von dem neuen Bewohner eine Tasse Tee erbitten. Friedrich war an diesem Tag sehr aufgeräumt und machte seine Späße mit dem teuren Freund.

Als der König seine melancholische Stimmung nach dem langen Krieg nicht ablegen konnte, schrieb er in der Mitte des August 1762 an d'Argens: »Diesmal werde ich Ihnen vom Pontus und dem orientalischen Reiche Nichts sagen. Ich bin so müde, das Zukünftige zu verkündigen, dass ich Ihnen Nichts, als Thatsachen schreiben will; haben Sie also noch ein wenig Geduld. ... Glauben Sie mir, ein junger Mensch hätte dabei genug zu thun; was für ein Leben nun für einen armen alten Mann, der abgenutzt und verfallen ist, wie ich, dessen Gedächtniß abnimmt, und der seine Sinne und seine Geisteskräfte dahinschwinden siehet! Alles in unseren Leben hat seine Zeit. In meinem Alter, lieber Marquis, sind Bücher, Umgang, ein guter Lehnstuhl und eine warme Stube alles, was mir übrig bleibt; und wenige Augenblicke nachher kommt dann das Grab. Leben Sie wohl.«

»Ich hatte die großen Männer geordnet«, fasste der Kastellan die Beschäftigung mit den Biografien kurz zusammen. »Ich hatte einiges über ihr Leben zusammen getragen und musste überraschend feststellen, dass es nur wenige waren, die dem König wohl gesonnen schienen. Trotz des großen Hofstaates und des hohen Reichtums muss Friedrich ein sehr einsamer Mann gewesen sein.« Daran änderte auch die Küche mit den vortrefflichen Küchenmeistern nicht viel ...

Langustiers beste Rezepte – Menü 6

Entensuppe mit Wirsingkohl

Forelle »Blau« mit Sahne-Meerrettich auf Petersilienkartoffeln

Arme Ritter mit Rumpflaumen

Entensuppe mit Wirsingkohl

Zutaten für 4 Personen
1 Ente (1 ½ kg)
1 Bund Suppengrün
½ Bund Lauchzwiebeln
½ Wirsingkopf
2 Tomaten
40 g Öl
200 g Kartoffeln
1 Zweig Thymian
Salz, Pfeffer, Lorbeerblatt

Zubereitung
Ente waschen und in einem Topf mit kaltem Wasser auf den Herd setzen, zum Kochen bringen, abschäumen und das geputzte, gewürfelte Suppengrün und die Gewürze dazu geben. Ente langsam kochen bis sie weich und die Brühe schön klar

ist. Lauchzwiebeln in Ringe schneiden, Tomaten abziehen, Kerne entfernen und in Würfel schneiden. Wirsingkohl putzen und in feine Streifen schneiden. Öl erhitzen, Lauchzwiebeln glasig anschwitzen, Wirsingkohl dazu geben, kurz anschwitzen und mit der Entenbrühe auffüllen. Kartoffeln kochen, in Würfel schneiden und in die Brühe geben. Alles langsam kochen bis der Wirsing gut ist. Entenfleisch in Würfel schneiden, Tomaten hinein geben und abschmecken. Kurz vor dem Anrichten mit gehackter Peterslilie bestreuen.

Forelle »Blau« mit Sahne-Meerrettich auf Petersilienkartoffeln

Zutaten für 4 Personen

4 Forellen, frisch geschlachtet
Salz
Essig
1 Lorbeerblatt
Gewürzkörner
600 g Kartoffeln
1 EL Butter

Zubereitung
Die Forellen auf ein kalt gespültes Plastikbrett legen, vorsichtig ausnehmen und die Kiemen entfernen. Mit kaltem Wasser kurz abspülen, dabei die Schleimschicht nicht zu sehr zu verletzen, denn das beeinträchtigt die blaue Färbung. Die Forellen in das gerade ins Kochen gekommene Salzwasser mit Lorbeer, etwas Essig und Gewürzkörnen geben und 10 bis 20 Minuten ziehen lassen.

Die geschälten Kartoffeln in Salzwasser kochen, gegart in heißer Butter anschwenken und vor dem Anrichten mit gehackter Petersilie bestreuen.

Für den Sahne-Meerrettich
1–2 EL Meerrettich
⅛ l Sahne
100 g Äpfel
Zitronensaft
Zucker, Salz

Zubereitung
Die Sahne steif schlagen. Die geschälten, geriebenen Äpfel mit Meerrettich, Zitronensaft, wenig Zucker und Salz vermengen und Löffelweise der Sahne hinzufügen.

Arme Ritter mit Rumpflaumen

Zutaten für 4 Personen
2 Eier
100 g Honig
¼ l Milch
80 g gehackte Walnüsse
2 Brötchen
50 g Butter
etwas Öl

Zubereitung
Eier, Honig und Milch schaumig schlagen, die gerösteten und fein gehackten Walnüsse dazugeben. Die Brötchen längs in etwa 1 cm dicke Scheiben schneiden und in der Eier-Honig-Milch-Masse 5 Minuten einweichen. In Butter und Öl bei geringer Hitze goldgelb ausbacken.

Für die Rumpflaumen
40 ml Rum
300 ml Apfelsaft
100 g Backpflaumen
1 TL Zimt
Zucker
50 g Speisestärke

Zubereitung
Zimt mit dem Rum und dem Apfelsaft vermischen, die Trockenpflaumen darin einweichen und für 12 Stunden kühl stellen. Die Pflaumen aus dem Rum nehmen, abtropfen lassen und halbieren. Das Rum-Apfelsaft-Gemisch durch ein Sieb gießen

und aufkochen, wenn nötig nachsüßen und mit aufgelöster Stärke binden.

Lamm- und Hammelfleisch scheinen von alters her eine viel bedeutendere Rolle als Rindfleisch gespielt zu haben. Mag sein, dass dies mit der Tradition des Osterlammes zu erklären ist. Am friderizianischen Hof wurden beide Fleischsorten gleichermaßen in der Hofküche verwendet. Das Hammelfleisch stammte vom kastrierten Schafbock und war in der Regel mager, aromatisch und mit einer kräftigen Fettschicht ausgestattet. Das zarte Fleisch junger Schafe war gegenüber dem Hammelfleisch milder im Geschmack. Wegen der feinen Konsistenz des Lammes war es an den europäischen Königshöfen eine sehr beliebte Fleischsorte.

Das Kalbsfleisch, zu den so genannten »weißen« Fleischsorten gehörig, musste behutsam gegart werden, damit das fettarme Fleisch nicht austrocknete.

In der Hofküche Friedrichs II. wurden hieraus verschiedene Gerichte gezaubert. Bevorzugt wurden dabei Kalbskeule, Kalbsbrust, Kalbszunge, Kalbsnieren und Kalbsbries. Diese servierte man in den unterschiedlichsten Variationen auf der königlichen Tafel.

Kalbsgerichte nach Langustier

Paniertes gebratenes Kalbsschnitzel mit Stangenspargel und La-Ratte-Kartoffeln

Gefüllte Kalbsbrust mit Leipziger Allerlei und Weißbrot

Gebratene Kalbsleber mit Zwiebeln und Äpfeln, dazu Blumenkohlpüree

Paniertes gebratenes Kalbsschnitzel mit Stangenspargel und La-Ratte-Kartoffeln

Zutaten für 4 Personen
580 g Kalbsschnitzel
500 g Semmelmehl
1 kg Stangenspargel
600 g La Ratte-Kartoffeln
400 g Mehl
8 Eier
2 Zitronen
120 g Butter
Salz, Pfeffer

Zubereitung
Kalbsschnitzel plattieren und mit Salz und Pfeffer würzen. Dann mit Mehl, Ei und Semmelmehl panieren und in einer heißen Pfanne mit Öl braten.

Für den Stangenspargel einen Topf mit Wasser aufsetzen, Salz, Butter und den Saft von zwei Zitronen beifügen, aufkochen lassen und den Spargel hinein geben. Bis zum gewünschten Garpunkt ziehen lassen

Für die La-Ratte-Kartoffeln, die ungeschälten kleinen Kartoffeln waschen, in einem Topf kochen, darin mit einem Stück Butter anschwitzen und mit Salz abschmecken. Nach Bedarf Kräuter beifügen.

Gefüllte Kalbsbrust mit Leipziger Allerlei und Weißbrot

Zutaten für 4 Personen
1 ½ kg Kalbsbrust mit Knochen (Mittelstück)
1 Zwiebel
2 Knoblauchzehen
2 weiße Rübchen (oder 60 g Sellerieknolle)
30 g Butter
50 g Weißbrot (ohne Rinde)
100 ml Milch
Muskat
150 g Kalbshackfleisch

1 Eigelb
2 EL Schnittlauch, gehackt
Salz, Pfeffer

Für den Saucenfond
½ Bund Suppengrün
2 Zwiebeln
30 g Butterschmalz
1 TL weiße Pfefferkörner
4 kleine frische Lorbeerblätter
2 Thymianzweige
4 Majoranzweige
400 ml Fleischbrühe

Zubereitung
Die Kalbsbrust zum Füllen öffnen. Das Fleisch mit einem scharfen Messer vom Knochen lösen, aber nicht ganz abschneiden. Das grobe Fett entfernen. Den Fleischlappen von einer Seite aus noch einmal in der Mitte durch- aber nicht abschneiden und die beiden Fleischlappen nach außen aufklappen, salzen und pfeffern. Für die Füllung Zwiebeln, Knoblauch und Rübchen putzen, fein würfeln und in der Butter glasig dünsten. Das Weißbrot hinzu fügen, leicht anrösten und die Milch zugießen, vom Herd nehmen, kräftig mit Salz, Pfeffer und Muskat würzen und abkühlen lassen. Kalbshack in einer Schüssel mit Eigelb und Schnittlauch verrühren. Die abgekühlte Weißbrotmasse unterkneten. Die Farce auf die Kalbsbrust streichen, die Ränder dabei frei lassen. Das Fleisch wie gewachsen zusammenklappen und mit Küchengarn zusammenbinden. Das Paket mit Salz und Pfeffer würzen. Das Suppengrün und die Zwiebeln putzen und grob würfeln. Das Butterschmalz in

einem Bräter sehr heiß werden lassen. Die Brust darin anbraten und mit der Knochenseite nach unten hineinsetzen. Das Gemüse rundum verteilen und anbraten. Pfefferkörner, Lorbeer, Thymian und Majoran zugeben, die Fleischbrühe angießen. Die Kalbsbrust dann im vorgeheitzten Ofen 1 ¾ bis 2 Stunden bei 150 °C braten, dabei ab und zu mit dem Bratenfond beschöpfen. Die Kalbsbrust im ausgeschalteten Ofen 10 Minuten ruhen lassen. Bratenfond durchsieben, dabei das Gemüse gut ausdrücken und den Fond entfetten, bei starker Hitze und offen auf 200 ml einkochen und eventuell nachwürzen. Küchengarn entfernen, die Kalbsbrust vom Knochen abtrennen und in vier Scheiben schneiden. Die Füllung dient als Stärkebeilage.

Für das Leipziger Allerlei
250 g Bohnen
250 g Erbsen
250 g Möhren
250 g Stangenspargel
Salz, Pfeffer
½ EL Zucker
Muskat
1 kleiner Blumenkohl
60 g Butter
40 g Mehl
1 Eigelb
4 EL Schlagsahne
500 g Kochmettwurst
1 Bund Petersilie

Zubereitung
Bohnen, Erbsen, Möhren und Spargel putzen, waschen und in wenig Wasser mit Salz, Pfeffer, Zucker und Muskat gar ziehen lassen. Den geputzten ganzen Blumenkohl in Salzwasser kochen. Die Gemüse aus dem Topf heben und warm stellen. Die einzelnen Gemüsebrühen durch ein Sieb zusammengießen.

50 g Butter in einem Topf zerlassen, das Mehl dazu geben und durchschwitzen lassen. Dann mit einem ½ l gemischter Gemüsebrühe ablöschen und mit dem Schneebesen glatt rühren, so dass eine sämige Sauce entsteht. Das Eigelb in die Sahne quirlen. Die Sauce damit legieren und vom Herd nehmen. Die Mettwurst pellen, in fingerdicke Scheiben schneiden, auf beiden Seiten in der restlichen Butter braun braten.

Gebratene Kalbsleber mit Zwiebeln und Äpfeln, dazu Blumenkohlpüree

Zutaten für 4 Personen
10 Scheiben Kalbsleber zu je 70 g
Pfeffer
Mehl
150 g Butter
4 Äpfel
200 ml Kalbsjus
500 g Zwiebelringe

Zubereitung
Zwiebelringe mit Paprika und Mehl bestäuben und in heißem Fett von beiden Seiten hellbraun braten. Die entkernten Apfelscheiben in Butter gar und braun braten und auf einer Platte warm halten. Leberscheiben in Mehl wenden und in einer Pfanne mit heißem Fett von beiden Seiten braun braten, salzen, pfeffern und anrichten.

Für das Blumenkohlpüree
1 Kopf Blumenkohl
200 g Kartoffeln, festkochend
1 große Karotte
Salz, Pfeffer

Zubereitung
Blumenkohl und Kartoffeln in Salzwasser getrennt garen und zu einem wohlschmeckenden Püree verarbeiten. Hauchdünne Scheiben von der Karotte schneiden, frosten und dann blanchieren.

Franz Heinrich Richter hatte sich wieder an die Archivarbeit gesetzt. »Als ich schon einen großen Stapel von Voluten geordnet hatte, fand ich in einem kleineren, im hinteren Teil des wohl letzten noch unbearbeiteten Regals, einige Bauakten, die den Vermerk ›Wohnung des Königs – Friedrich II.‹ trugen. Neben einigen Grundrissen und den korrigierenden Bemerkungen des Königs fand ich darin auch Kostenvoranschläge und Abrechnungsprotokolle und eine detaillierte Ausführung zur Inneneinrichtung der Gemächer. Der König hatte sich seine Berliner Wohnung zwischen 1742 und 1747 im ersten Stockwerk des Schlossplatz- und Spreeflügels eingerichtet. Ich las, welche Veränderungen vorgenommen wurden. Im Kapellenraum ließ er eine Decke einziehen und eine Treppe bauen. Die weiteren Wohngemächer reichten nach den Unterlagen vom Schlossplatzflügel bis zum Pfeilersaal des Portals.

Neben der ehemaligen Kapelle lag Friedrichs Schlafzimmer. Das Schreibzimmer war als runder Raum angelegt, wie die Bibliothek in Rheinsberg und später auch in Sanssouci. Dem Schreibzimmer schloss sich nach Süden hin das Eckzimmer an. Das nächste Zimmer nach Westen war das Konzertzimmer.

Ich las weiter. Nun folgte das Konfidenztafelzimmer. Ich stutzte! War das nicht das Geheimnis umwobene Tafelzimmer Friedrichs II., von dem mir mein Vater einmal erzählt hatte?«

Das Geheimnis des Berliner Schlosses – die Konfidenztafel

Das Zimmer befand sich gleich neben dem Parolesaal. Hierher soll sich der König mit ganz vertrauten Personen zurückgezogen haben. Was dort genau besprochen wurde, konnte niemand mithören – nicht einmal die Pagen.

Die Unterlagen belegten, dass der König selbst dieses Zimmer 1745 einrichten ließ. Die Ausführung übernahm der bekannte Bildhauer Johann August Nahl. Das Zimmer war in Blau und Silber gehalten, eine Farbkombination, die Friedrich II. stets bevorzugte. Die Tapeten waren aus blauem Damast, mit reich verzierten und versilberten Leisten. Die Rahmen der Pfeiler zwischen den Fenstern waren mit silbernen Bildhauerarbeiten von Nahl geformt. Die Kaminrahmung war aus schlesischem Priborner Marmor. In der Mitte des Raumes stand ein runder Speisetisch, fest eingebaut. Die berühmte Konfidenztafel war ganz aus Nussbaum gefertigt und hatte einen Durchmesser von acht Fuß. Das Mittelstück der Tischplatte konnte durch eine im Erdgeschoss befindliche Maschinerie abwärts und aufwärts zum Wechseln der Speisen bewegt werden. An der Decke hing ein gläserner Kronleuchter mit sechzehn Armen. Die Wände schmückten vier Familienporträts des Hofmalers Antoine Pesne, welche die Königin von Schweden, die Prinzessin Amalie, die Königin Sophie Dorothee und die Markgräfin Wilhelmine von Bayreuth zeigten. Außerdem waren zehn Stühle mit Armlehnen für die Tafelrunden gekauft worden.

Am letzten Tag des Jahres hielt sich Friedrich mit seiner jüngsten Schwester Amalie im Berliner Schloss auf und zwar an der »Table de confidence«, Konfidenztafel oder auch »vertrauliche Tafel« genannt. Das Anrichten der Tafel geschah im Erdgeschoss und diese wurde dann zu einer festgesetzten Zeit mit all den Köstlichkeiten an Speisen und Getränken über den Aufzug bewerkstelligt. Für weitere Bestellungen stand neben jedem Gedeck ein Tambour, eine Trommel zum Aufrollen von Papier, auf welche die Gäste ihre Wünsche schrieben. Dann ließ man alles herunter und das Verlangte kam wieder auf die Tafel.

Zu seinen Tafelrunden lud Friedrich des Öfteren vier geistreiche Damen ein, die zu seinen Freundinnen zählten. Am Silvestertag begann dann die Herrschaft der Damen. Jede der vier geladenen Damen fand unter ihrer Serviette eine Krone und ein Zepter aus Zucker als Symbol der »Süßigkeit ihrer Herrschaft«.

Auch mit der schönen italienischen Tänzerin Signora Barbara de Campanini, genannt Signora Barbarina, der Friedrich II. sehr zuneigt war, speiste er an der Konfidenztafel zu Abend, und zwar am 6. Januar 1745. Eine dieser Tafeln fand zum Geburtstag der Königinmutter am 27. März 1746 statt. Es war das erste Mal seit seiner Thronbesteigung, dass Friedrich II. sich zu dieser Zeit in Berlin aufhielt. Aus diesem Grunde wurde dieser Tag mit großer Pracht und einer üppigen Abendtafel gefeiert.

Nachweislich »geheim« getafelt wurde zum Beispiel nach dem Opernbesuch am 5. Januar 1748 mit der Frau von Camas – Friedrich II. nannte sie während und nach der Beendigung des Siebenjährigen Krieges vertrauensvoll »Mütterchen« – mit Frau Generalin von Haake, Frau Obristin von Kannenberg, dem Grafen von Münchow, den Generälen von Rothenburg, von Fouqué, von Kyau und dem Herrn von Maupertuis sowie, am 29. Januar 1748, mit der Witwe Frau Generalin von Dämhof, den Oberstinnen von Kannenberg und von Buddenbrook, Fräulein von Schack, ehemalige Staatsdame bei der regierenden Königin und mit den Generalen von Rothenburg, Fouqué und Oberst Buddenbrook sowie dem Kammerherren von Pöllnitz. Zu Mittag am 31. März 1761 speiste der König noch bei seiner Mutter im Schloss Monbijou, während er abends ein Soupé an der Konfidenztafel seines eigenen Schlosses gab.

Auf Einladung des Königs trafen am 25. Oktober 1769 die Kurfürstin Maria Amalie Auguste von Sachsen, der Prinz von Preußen, dessen Gemahlin und der Erbprinz von Braunschweig in Berlin ein. Nach der Abnahme der Wachparade vor dem Landsberger Tor speisten Friedrich II., die Kurfürstin und der gesamte Hof bei der Königin. Nach dem Besuch des Lustspiels »La surprise de l'Ammouhr«, bei dem ein vom König geschriebener Prolog zur Aufführung kam, begaben sich die Gäste erneut an die Konfidenztafel.

»Durch die Erzählung meines Vaters sensibilisiert, erkannte ich unter dem letzten Papier dieser Unterlagen einen Zettel mit den Aufzeichnungen, was die königliche Hofküche für eine Tafel zubereiten musste. Gespannt sah ich die lange Liste an«:

1. filé aspic froide
1. filé de faisans au truffes, à la Villeroy
1. filé de dindon à la Beechamelle
1. filé de Chappons en Cannelon
1. filé de Canaris à la meut
1. filé de perdr: à la purette
1. Geba. Junge Hühner
1. Geba. Rebhühner
1. filé de perches aux heitres, à la Cardinal
1. Homr à la prooanoale
1. Gatteau à la Marly
1. Petit Genoise, oveé Couverdes au joues Austern …

»Auch an diesem Abend war es spät geworden, der Mond hing schon hoch am Himmel. Ich wollte gerade die Kerzen löschen, als mein Blick unter das Stehpult und auf ein einzelnes Stück Papier fiel. Ich ahnte sofort, dass mir wieder jemand einen Schiller'schen Happen hingeworfen hatte. Und in der Tat, der Bogen war mit ›Martin Guerre Ende‹ überschrieben. Trotz der späten Stunde begann ich, das Ende der Geschichte zu lesen.

Ich erfuhr nun, dass es tatsächlich Arnold Tilh war, der sich für einen anderen ausgegeben hatte und mit seiner falschen Art nicht nur eine unschuldige und wartende Frau verstörte, sondern eine ganze Stadt in Unruhe versetzte. Tilh war ein Hochstapler und Betrüger. Der wirkliche Martin Guerre kehrte eines Tages ebenfalls zu seiner Frau zurück.

Am 12. September 1560 wurde das Urteil gegen Tilh gesprochen. Demnach wurde ›*Arnold Tilh als überwiesen, Namen*

Stand und Person Martin Guerres sich angemaßt, dessen Frau zum Ehebruch verleitet, dessen Güter verschwendet, das Sakrament der Ehe entweiht und die Frau eines andern an sich behalten zu haben, darin verurtheilt, daß er vor der Kirche zu Artigues, auf den Knieen, im Hemd, mit bloßen Kopf und Füßen, einen Strick um den Hals, und eine brennende Wachskerze in der Hand, Gott, den König, die Obrigkeit, Martin Guerre und Bertranden von Rols um Verzeihung bitten, von da durch die Straßen und Gassen der Stadt Artigues geführt und endlich vor dem Haus des Martin Guerre aufgehängt, sein Körper aber hernach verbrannt werden solle.‹ Vor der Vollstreckung des Urteils wurde Tilh noch einmal verhört. Dabei gab er näheren Aufschluss über seine Betrügereien. Er habe, so sagte er aus, Martin Guerre als Soldat kennen gelernt und von ihm alles erfahren, was seine Frau, seine Verwandten und sein Vermögen anging. *›Endlich sei er dreist genug gewesen, seine Rolle anzufangen, und nun habe er die geheimsten Nachrichten von Bertranden selbst erfahren. Er endigte sein Verhör mit dem Bekenntniß noch verschiedener andrer Verbrechen.‹*

So erfuhr ich quasi aus erster Hand das Ende der Geschichte um Martin Guerre und Bertrande von Rols. Langsam aber sicher neigte sich auch meine archivarische Arbeit ihrem Ende zu. Mehrere hundert Schriftstücke hatte ich bisher durchgesehen, geordnet und sortiert. Im Regal lagen noch zwei gebundene Akten, die wohl weitere Einblicke in die Gestaltung der königlichen Tafel bieten würden. Ich wollte sie mir am nächsten Tag näher anschauen.

Das Porzellanservice des Königs Friedrich II.

Der Antrieb zu einem höfischen Tafelzeremoniell ging vom französischen Hof aus, denn dort wurde die fürstliche Hofhaltung als erste erweitert. Die repräsentativen Mahlzeiten erforderten eine Fülle von Geschirrteilen, die in Form und Dekor aufeinander abgestimmt sein sollten. Als Ergebnis dieser Entwicklung entstanden die Service, die aus bestimmten, den Speisefolgen angepassten Mengen an Tellern, Schüsseln, Platten, Gewürzhaltern, später auch Terrinen oder Besteckteilen bestanden. Entsprechend aufwändig und wirkungsvoll konnten solche Ensembles aus Edelmetall oder Fayence auch Botschaften und Herrschaftszeichen in Szene setzen. Dies geschah am deutlichsten durch die Anbringung von Wappen und Initialen auf sämtlichen Serviceteilen.

Im Jahre 1708 wurde auch in Europa das Porzellan erfunden, und zwar in Meissen. Der Tafelkultur bot sich damit ein neues, zuvor nur aus Ostasien bekanntes Material. Doch erst im Jahre 1730 wurden aus dem kostbaren »weißen Gold« Tafelservice hergestellt. Neben der Schönheit zeigten sich auch schnell die praktische Vorzüge des geschmacksneutralen Porzellans. Ab der Mitte des 18. Jahrhunderts wurden umfangreiche Tafelservice für ganze Essen eingesetzt.

Friedrich II. bevorzugte bei hohen Anlässen dennoch sein silbernes und goldenes Geschirr, wenn es um die königliche Tafel ging. Die Bedeutung des Edelmetalls als höchstes Material und seine direkte Verwendungsmöglichkeit als Staatsvermögen – die meisten Silberservice des 18. Jahrhunderts wurden in Notzeiten zu Münzen umgeschmolzen – machten das Porzellan zu einer zwar weniger spektakulären, dafür auf lange Sicht aber ökonomisch besseren Alternative. Die größeren künstlerischen Ausdrucksmöglichkeiten des Porzellans dürften jedoch mit dazu beigetragen haben, dass Friedrich II. mit der Zeit zu einem wahren Sammler von Porzellanservice wurde.

Als Besetzer Sachsens im Zweiten Schlesischen Krieg erwarb er 1745 einige Tafelservice aus dem Lager der Meissner Manufaktur – er hatte sehr großes Interesse an den Produktionshallen. Erst bei seinem zweiten Aufenthalt in Meissen, während des Siebenjährigen Krieges, brachte er selbst Entwürfe und Vorstellungen in die künstlerische Gestaltung der Service mit ein. So entstand das preußisch-musikalische Dessin des Vestunen-Service und das »Japponische Service«, welches später im Chinesischen Haus aufbewahrt und benutzt wurde.

Tafeln in Gold und Silber

Goldene und silberne Service dagegen gehörten bei Friedrich unbedingt zu großen höfischen Festen und Banketts, die zu den glanzvollen Bestandteilen der Tafelzeremonien gehörten. Mit den polierten Tafelgeräten auf Tischen und Buffets sowie mit den silbernen oder goldenen Leuchtern oder Möbeln wurde in Anwesenheit hoher Gäste die politische und gesellschaftliche Rolle des jeweiligen Herrschers prunkvoll in Szene gesetzt. So wurde auch das jeweilige Geschirr zu einer Form von Etikette und Status. Sein Hofgoldschmied Johann Christian Lieberkühn d.J. erhielt des Öfteren den Auftrag, ein schönes Geschirr für die königliche Tafel anzufertigen.

Ein goldenes Service hatte sich Friedrich vom Goldschmied Lieberkühn bereits in den ersten Jahren seiner Regierung anfertigen lassen. Nach dem Siebenjährigen Krieg ließ er es durch Teile aus dem goldenen Kabinett der Königinmutter ergänzen.

Über die Wirkung des königlichen Goldes beim Betrachter, gab es einen Auszug aus der Spenerschen Zeitung: »Sobald die gewöhnliche Cour abgelegt war, begaben sich allerseits hohe Herrschaften nach dem Hofe der Königl. Frau Mutter Majestät, welche in den neubezogenen Apartements extraordinaire Cour hielten.

Die kostbaren, ungemein schön arrangirten, Meublen dieser Zimmer, insonderheit die, aus purem Golde stehenden, Kron-, Arm- und Wandleuchter, Gueridons, Tafeln und Brandruten des Kamins verursachten bei allen Anwesenden Aufmerksamkeit und Bewunderung, so daß sowohl die Einheimischen als die Fremden, welche auf ihren Reisen die Herrlichkeiten von Versailles und London gesehen, bekennen mußten, daß weder die einen noch die anderen mit diesen in Vergleich zu ziehen wären.«

Das Goldene Service wurde an verschiedenen großen Tafeln benutzt; letztmalig bei dem Besuch von Alexander I., dem Zaren von Russland. Es war ein Sonntag im Oktober 1805. Vier Jahre später war dieses wertvolle Service nicht mehr zu bestaunen, denn es musste 1809 für die Reparationen an Napoleon eingeschmolzen werden.

»Ich wollte gerade den Abschnitt Tafelgeschirr beenden«, schrieb der Kastellan in sein Tagebuch, »als doch noch einige Dokumente auftauchten, die bei genauer Betrachtung da hinein gehören.«

Durch die Besetzung Sachsens hatte der König die Möglichkeit, vor Ort ein Meissner Tafelservice direkt in Auftrag zu geben. Es sollte ein »Festmahl des Friedens« in den »Ruhmeshallen des Siebenjährigen Krieges« ausgerichtet werden.

Einmal belohnte der König den Fürstbischof von Breslau/Neiße/Grotkau mit einer großen Festlichkeit, die am 13. Januar 1749 bereits zu Mittag im Berliner Schloss stattfand. Auch dafür wurde das wertvolle Meissner Tafelservice benutzt.

Der erste Gang, durch einen Koch namens Müller zubereitet, bestand aus der Suppe à la Bourgoise und der Suppe Rossot à la polonaise. Gemeinsam mit einem französischen Koch bereitete Müller auch den Braunkohl mit Gans, großen Würsten sowie die Kalbskeule, margine aux fines herbes, gern mit Bates, zu. Diese Speisen wurden in zwei großen ovalen Porzellanschüsseln mit Goldzeichnungen serviert.

In vier kleineren Porzellanterrinen kamen die Hühnerklöße, der Lammbraten Corbonade sowie zwei Stück Kalb à l'Espannol, das Tandronsde Jeau mit Champingon und das File von vier Hühnern mit frischer Trüffelsause à la duchess auf den Tisch. Als weitere Menüfolge standen in vier runden Porzellanschüsseln die Speisen Poppidon von Reis mit Entenbrust, Patteau à la douphine, frische Würste und Cappaun à la Memorenei auf dem Speiseplan. Weiterhin kredenzten die Köche in vier ovalen mittleren Schüsseln, die mit Gold verziert waren, Sociess en Kannelohn, kleine Pasteten à l'Espanniol vom Hammel, Hühner à la Tartarre und Hühner en Margenade. Das große Festessen wurde mit den Speisen wieder in vier runden Porzellanschüsseln fortgesetzt, für die die französischen Köche zwei Fasane à la Barbarin, drei Enten en Socisson à l'Espanniol, sechs Rebhühner à l'Estouffude mit Sause au veillie und vier Hühner à la Miludi zubereiteten.

Aber auch mit diesen Speisen war die Tafel noch nicht komplett. Nun tischten nämlich die Köche ihre zubereiteten Speisen in vier goldovalen Schüsseln auf. Es waren u. a. Ochsenzungen glasse mit Sause Toulousienne, Hammel Carree à la Babilon, garniert mit Blumenkohl. In vier weiteren Porzellanschüsseln wurden gebratenes Lamm, Gans, Reh und Hammel gespickt mit Orangen, serviert. Vier weitere goldene Schalen enthielten vier gebratene Rebhühner, zwei Fasane, vier gefüllte Hennen und Kalcken. Die Köche Müller und die Franzosen richteten in vier Porzellanschüsseln Esparges à la Sause, faschierte Artischocken à la Sause und Eier en Crepine mit Endei à la Angleiße an. Außerdem gab es geräucherten Lachs, Braunschweiger Wurst und Ragoue vom Kalb ...

Der Konditor Trimnel lieferte in vier Porzellanschüsseln seine Kreationen: Binguct à la Portugiese, Apfel à la Dauphine mit Konfekt, kleine Gatteau de miller feuilles und Krokant.

Doch auch das war immer noch nicht alles: Die Hofküche servierte in vier großen Porzellanschüsseln sieben Forellen »Blau«, eine Moräne, einen englischen Salat mit zwei Hühnern und einen Wirsingkohl mit Öl. Daneben standen in zwei kleinen ovalen Porzellanschüsseln Carde au Parmesan, Eier à la Portugiese, Oumblet roullee von Krebsen, kleine Popiets von Hecht, Craim frite und Fondue mit Parmesan.

»Nie hatte ich, auch wenn mein Vater in den Diensten des Königs stand, von so vielen verschiedenen Gerichten gehört. Ich konnte mir bildlich vorstellen, wie die Tafeln sich unter der Last der Mahlzeiten bogen und wie Köche und Diener schwitzten, um dem König und seinen Gästen alle Annehmlichkeiten zu bereiten, die von ihnen verlangt wurden.

Langustiers beste Rezepte – Menü 7

Geröstetes Toastbrot mit Sahnerührei und Sardellen

Rosa Entenbrust mit Kirschsauce und Kräuterpolenta

Mascarpone - Amarettocreme mit Himbeeren

Geröstetes Toastbrot mit Sahnerührei und Sardellen

Zutaten für 4 Personen
4 Scheiben Weißbrot
50 g Butter
8 Eier
50 g Sahne
8 Sardellenfilets
½ Bund Petersilie

Zubereitung
Eier in einer Schüssel mit Sahne verrühren, Salz, Pfeffer dazu geben.

Weißbrotscheiben toasten, Butter in einer Pfanne schmelzen und die Eimischung hinzu tun. Mit einem Holzlöffel die Eimischung zu großen Schwellen zusammenschieben und Stocken lassen. Das Sahnerührei auf den Toast geben und mit je zwei Sardellenfilets garnieren. Nach Belieben kann man unter das Rührei klein geschnittenen Schnittlauch und Tomatenwürfel dazu geben. Alles zum Schluss mit gehackter Petersilie bestreuen.

Rosa Entenbrust mit Kirschsauce und Kräuterpolenta

Zutaten für 4 Personen
4 Entenbrüste, je 170 g
10 ml Öl
30 g Honig
Pfeffer, Salz

Zubereitung
Die Entenbrüste auf der Hautseite anbraten, mit Pfeffer und Salz würzen und mit Honig glasieren. Die angebratenen Entenbrüste bei 180 °C für 10 Minuten im Ofen garen lassen.

Für die Kirschsauce
100 g Kirschen
100 ml Kirschsaft
100 ml Entenfond
30 g dunkle Mehlschwitze

Zubereitung
Kirschsaft einkochen, Entenfond zufügen, mit dunkler Mehlschwitze binden und mit Gewürzen abschmecken. Die Kirschen erst kurz vor dem Anrichten beifügen.

Für die Kräuterpolenta
40 g Zwiebelwürfel
1 Zweig Rosmarin
1 Salbeiblatt
150 g Polentagries (Maisgries)
400 ml Fleisch- oder Gemüsebrühe
400 ml Milch
70 g Parmesan
2 Eigelbe
20 g Mehl
40 g Butter
Salz, Pfeffer, Muskat
gehackte Kräuter

Zubereitung
Die Zwiebelwürfel mit den fein gehackten Kräutern, dem Rosmarinzweig und dem Salbeiblatt in Butter glasig schwitzen, mit Brühe und Milch auffüllen. Unter ständigem Rühren den Gries hinzufügen. Bei schwacher Hitze und ständigem Rühren 5 Minuten köcheln lassen, abgedeckt etwa 60 Minuten quellen lassen. Die Kräuter der fast festen Polenta entnehmen und Eigelb mit dem frisch geriebenen Parmesan unterarbeiten. Die Masse auf ein gebuttertes Blech streichen und kühl stellen. Die kalte Polenta in die gewünschte Form bringen, in Mehl wenden und in Butter goldgelb braten.

Mascarpone-Amarettocreme mit Himbeeren

Zutaten für 4 Personen
150 g Mascarpone
50 g Zucker
3 Eigelbe
2 Eiweiße
3 cl Sahne
1 EL Amaretto
1 EL Zitronensaft
1 Vanilleschote, Mark

Zubereitung
Mascarpone, Eigelb, Mark einer Vanilleschote, Amaretto und Sahne cremig rühren. Eiweiß und Zucker zu Schnee schlagen, mit dem Zitronensaft unter die Masse heben und kühl stellen.

Für die Himbeeren
250 g Himbeeren
⅛ l Weißwein, trocken
50 g Zucker
1 TL Stärkemehl

Zubereitung
Zucker unter Hitze und Rühren in Weißwein auflösen mit Stärkemehl etwas andicken und zum Schluss Himbeeren dazugeben. Unter vorsichtigem Rühren kurz erhitzen und mit der Creme servieren.

Das Rindfleisch, also das Fleisch vom Hausrind, gehörte neben dem Schweinefleisch zu den beliebtesten Fleischsorten der preußischen Küche. Bei Friedrichs II. spielte das Schweinefleisch sogar eine untergeordnete Rolle. Nur das Spanferkel fand seinen Platz auf den königlichen Tellern. Die verschiedenen Muskelpartien des Rindes kamen oft als Ganzes, zum Beispiel als Rinderbraten, auf den Tisch. Rinderbraten fehlte auf den Tafeln des Königs nie. Er zählte zu seinen Lieblingsgerichten. Entweder als Braten mit Sauce, aber auch gepökelt oder geräuchert. Zu den weiteren für die königliche Hofgesellschaft zubereiteten Speisen gehörten Ochsenzunge und Ochsenschwanz.

Fleischgerichte nach Langustier

Geschmorte Rinderbäckchen mit Rotweingemüse und Petersilienwurzelpüree

Rinder-Sauerbraten mit Lebkuchen, Speckwirsing und Brotknödel

Geschmorte Hammelkeule mit Butterbohnen und Kartoffelplätzchen

Geschmorte Rinderbäckchen mit Rotweingemüse und Petersilien-wurzelpüree

Zutaten für 4 Personen

1,2 kg Rinderbacken
200 g Karotten
200 g Zwiebeln
200 g Sellerie
1 Knoblauchzehe
1 l Rinderfond
100 ml Rotwein
50 ml Öl
Salz, Pfeffer

½ Zweig Rosmarin
1 Zweig Thymian
Piment
1 Lorbeerblatt
40 g Stärke

Zubereitung
Rinderbacken etwas panieren, kräftig würzen und scharf in Öl anbraten. Das geschälte und gewürfelte Gemüse hinzufügen und anrösten. Mit Rotwein ablöschen, Knoblauch, Kräuter und Gewürze dazu geben und mit Rinderfond auffüllen. Die Bäckchen weich schmoren, aus dem Fond stechen und die Sauce mit Stärke abbinden.

Als Beilage dient das Röstgemüse aus dem Saucenfond.

Für das Petersilienwurzelpüree
Zutaten
200 g Petersilienwurzeln
100 g festkochende Kartoffeln
Butter
100 g Sahne
Salz

Zubereitung
Kartoffeln und Petersilienwurzeln schälen und in Salzwasser kochen. Danach mit Butter, Sahne, Salz nochmals pürieren und abschmecken

Rinder-Sauerbraten mit Lebkuchen, Speckwirsing und Brotknödel

Zutaten für 4 Personen

1 Bund Suppengrün
1 l Brühe
½ l Weißweinessig
1 kg Rindfleisch aus der Schulter
Salz, Pfeffer, Lorbeerblatt, Nelken
100 g Lebkuchen
50 ml Öl

Zubereitung

Aus Suppengrün, Brühe, Essig und den Gewürzen Lorbeer und Nelken einen Fond kochen und abkühlen lassen. Fleisch in eine Schüssel geben und den Fond darüber gießen und 5 bis 7 Tage abgedeckt kalt stellen. Fleisch aus der Marinade nehmen, abtupfen mit Salz und Pfeffer würzen und braun anbraten. Das Gemüse und ein Drittel der Marinade dem zerkleinerten Lebkuchen zufügen. Das Fleisch bei 180 °C im Backofen 2 bis 2 ½ Stunden schmoren, dabei ab und zu die Marinade zugießen. Das fertige Fleisch noch 15 Minuten ruhen lassen. Schmorsud mit Gemüse durch ein Sieb streichen und mit Salz nachwürzen. Den Braten in Scheiben schneiden und mit der Sauce anrichten.

Für den Speckwirsing

1 Wirsingkohl (ca. 1,2 kg)
50 g durchwachsener Speck
40 g Butter

3 EL Sahne
Salz, Pfeffer

Zubereitung
Wirsing putzen, waschen, den Strunk entfernen und den Kohl in grobe Steifen oder Rauten schneiden. Speck fein würfeln, in einer Pfanne hellbraun anbraten. Die Wirsingstreifen in Salzwasser einmal aufkochen, auf ein Sieb geben und in eiskaltes Wasser tauchen, abtropfen lassen und etwas ausdrücken. Den Wirsing mit Butter, Sahne und Speckwürfeln in einem Topf mischen und 5 bis 10 Minuten schmoren. Mit Salz und Pfeffer abschmecken.

Für den Brotknödel
50 g Butter
2 Eier
200 g Schwarzbrot
200 g gekochte Kartoffeln
Zitronenschale, Muskat, Salz

Zubereitung
Butter schaumig rühren und Eigelb, geriebenes Schwarzbrot, geriebene gekochte Kartoffeln und Gewürze dazu geben. Eiweiß aufschlagen und unter die Masse geben. Klöße formen und zehn Minuten in Salzwasser garen.

Geschmorte Hammelkeule mit Butterbohnen und Kartoffelplätzchen

Zutaten für 4 Personen
1 kg Hammelkeule
50 ml Olivenöl
½ l Brühe
¼ l trockener Rotwein
1 Zweig frisches Rosmarin
1–3 Knoblauchzehen
100 g Zwiebeln
Salz, Pfeffer

Zubereitung
Keule würzen, in heißem Öl von allen Seiten kräftig braun braten. Mit Brühe und Rotwein ablöschen, Rosmarin und Knoblauch zugeben. Das Fleisch im geschlossenen Topf bei 160 °C eine Stunde schmoren. Dabei öfters mit dem Bratensud begießen oder Brühe dazu geben. Die fertige Hammelkeule aus dem Topf nehmen, Fond mit Salz und Pfeffer abschmecken und mit einer Mehlschwitze leicht binden.

Für die Butterbohnen
600 g grüne Bohnen
100 g Butter
100 g Zwiebeln
250 g Brühe
1 Stiel Bohnenkraut
Salz, Pfeffer

Zubereitung
Bohnen putzen, waschen und schräg in 4 cm lange Stücke schneiden. Butter erhitzen und in kleine Würfel geschnittene Zwiebeln darin glasig anschwitzen. Bohnen, Bohnenkraut, Salz, Pfeffer sowie die Brühe dazu geben. Im geschlossenen Topf 10 bis 15 Minuten bei mittlerer Hitze garen.

Für die Kartoffelplätzchen
Zutaten
1 ½ kg Kartoffeln, mehlige Sorte
¼ l Milch
50 g Butter
200 g kernige Haferflocken
2 Eier
Salz, 1 Prise Muskat, Öl zum Braten

Zubereitung
Kartoffeln schälen, waschen, klein schneiden und in Salzwasser gar kochen; abgießen, dämpfen und zerstampfen oder durchpressen. Milch erhitzen und nach und nach unter die Kartoffelmasse rühren. Butter zufügen, mit Salz und Muskat abschmecken. 3 Esslöffel Haferflocken und die Eier unter den Kartoffelbrei mischen, Plätzchen formen und in den restlichen Haferflocken wenden. Öl erhitzen und die Plätzchen darin goldbraun braten.

Als im Herbst 1763 Friedrich II. vom Berliner Kaufmann Johann Ernst Gotzkowsky dessen zwei Jahre zuvor gegründete Porzellanmanufaktur erwarb, erfüllte sich der König einen seit seinem Regierungsantritt stark gehegten Wunsch, nämlich den

Besitz eines eigenen preußischen Unternehmens zur Herstellung dieses hoch repräsentativen Materials. Dank der Vorarbeit der Gotzkowsky-Manufaktur, deren technisches Vermögen und künstlerisches Potenzial zu großen Teilen den im Siebenjährigen Krieg in Meissen abgeworbenen Fachkräften zu verdanken war, blieben der nunmehr Königlichen Porzellan Manufaktur (KPM) alle Anfangsbeschwerden in der Herstellung eines so komplexen Kunstprodukts erspart.

Die ersten Bestellungen des Königs, der sich einmal als sein eigener bester Kunde bezeichnet hatte, beinhalteten weitgehend Ergänzungen zu den in Meissen als Kriegstrophäe erworbenen Tafelservice.

Friedrich erkannte sehr bald, dass sich Porzellan auch gut als geschätztes diplomatisches Geschenk einsetzen ließ. Der König bestellte in der Manufaktur deshalb viele repräsentative Einzelstücke.

Des Königs Geschmack – das friderizianische Rokoko – in der Ausstattung seiner Schlösser in Potsdam, Berlin und Breslau fand sich auch in den Produkten seiner Porzellanmanufaktur wieder. Das weiße Gold gab den Tafeln Glanz und verblüffte den Betrachter durch seine unüberschaubare Vielfalt: Große und kleine Platten und Teller, Anbietschalen, filigran durchbrochene Obstkörbe, Terrinen, Gewürzschalen, Kannen und Kännchen. All diese Stücke und die jeweiligen Farbkombinationen und der Formenreichtum standen für die aufwendigen Verarbeitungsvarianten, die große Freude am Material und die Prägnanz des Porzellans für die höfische Tischkultur.

Franz Heinrich Richter war schon ganz wirr im Kopf bei der Vorstellung, dass so viel teures Porzellan, das im Besitz des Königs gewesen war, täglich von all den geschäftigen Bediensteten herum getragen werden musste. Nicht auszudenken, wenn einer ein so wertvolles Stück aus Versehen fallen ließ.

»In solche Gedanken vertieft, ging ich daran, mein Tagwerk zu beenden«, berichtete er später. Das Ordnen der verschiedenen Unterlagen mit den Bezeichnungen und Produktionsdaten des Geschirrs war doch sehr zeitaufwendig gewesen. Er besah noch einen Stapel mit Dokumenten, die auf seine Besichtigung warteten, da fielen ihm Friedrichs königliche Gesundheitsratschläge in die Hände, und er vertiefte sich dann doch noch kurz in die Papier.

Ratschläge für die Gesundheit, vom König empfohlen

Für seine besten Freunde hatte Friedrich II. stets auch einen gesundheitlichen Rat parat.
Am 18. November 1754 riet er seinem Kammerherrn Fredersdorff, dass dieser seine Gesundheit stabilisieren solle. Dazu trage nicht nur der Arzt, sondern auch eine kräftige Bouillon bei. Er schrie förmlich, was ihm und auch seinem Kammerherrn wirklich gut tun würde: »Offte und wenig Essen, starke Nahrhafte bouillons! Die lasse nur von Meine Köche Machen.«

Die gesundheitlichen Probleme seines Kammerherrn bereiteten Friedrich große Sorgen, wie man unschwer an der königlichen Reaktion auf die Nachlässigkeit der bayrischen Köchin, die schon in anderen Papieren eine Rolle spielte, erkennen konnte. Friedrich empfahl Fredersdorff am 5. Juni 1755: »Daß du Dihr von Meine Köche Supe consomé machen lässest, ohne pfefer und ohne gewirtz. Die Consomé nach apetit 2 oder auch 3 Schalen austrinken! Das wirdt Dihr Kräfte geben und auf die Beine bringen. Noch Könstu graupen oder reis Mit hüner- und

Calbfleisch nach apetit essen, aber Keine unverdauliche speise! dadurch müssen die Kräfte wieder ersetzet werden.« Sein Geheimrezept war also Fleischbrühe.

Der reinigenden Wirkung des Mineralwassers maß Friedrich einen hohen Stellenwert zu. Regelmäßig absolvierte er Brunnenkuren, so auch im Schloss Sanssouci oder später im Neuen Palais. Anton Friedrich Büsching, ein Historiker und Zeitungsredakteur, beschrieb die Prozedur: »Nun fing Er an, das egersche mineralische Wasser, zu trinken, und nach desselben Genuß hielt Er Sich in den letzten Jahren einige Wochen in dem neuen Pallast bey Sanssouci; woselbst er Besuch von Seinem Geschwister annahm, auch eine kleine Gesellschaft sogenannter Brunnengäste bey Sich hatte, als, einen Cabinetsminister, einen General, und ein Paar andre Personen.« Diese Brunnenkuren, die einige Tage dauerten, fanden zum Beispiel ab dem 15. Juni 1753, vom 8. bis 23. Juli 1754 und Juli 1755, statt. Sie waren für den König wie »Ferien«.

Heilendes Wasser

Nach einer Legende wurde die Quelle, der Gesundbrunnen, 1701 entdeckt, als Friedrich I., König in Preußen und Kurfürst von Brandenburg, nach einem Jagdausflug an der Weddinger Papiermühle durstig halt gemacht haben soll. Das Wasser, nach dem er verlangte und das die Müllerin ihm reichte, mundete ihm nach der Anstrengung des schnellen Ritts so gut, dass er diese Quelle zu einem »Gesundbrunnen« erhob. 1748 wurde das Wasser untersucht und dessen Heilkraft durch den Chemiker Andreas Sigismund Marggraf nachgewiesen.

Der Hofapotheker Dr. Heinrich Wilhelm Behm erwarb 1751 das königliche Privileg, hier eine Heil- und Badeanstalt einzurichten. Behm ließ den König wissen, dass die Eigenschaften der Quelle, die jener in Bad Freienwalde und in Bad Pyrmont übertreffe. Das Wasser gefror auch bei Frost nicht. Friedrich II. veranlasste daraufhin, das Gutachten zu prüfen. Noch 1757 wurde die eisenhaltige Quelle vom Amt Mühlenhof als eine »ordinaire« Quelle eingeschätzt. Daraufhin gab es königliche Förderungen, weshalb die Quelle »Friedrichs Gesundbrunnen« getauft wurde.

Die Heilquelle wurde in Backstein eingefasst und mit einem sechseckigen Brunnenhäuschen versehen, das große Rundbogenfenster zierten. Um diese Quelle entstanden eine ausgedehnte Gartenanlage sowie Bade- und Trinkhäuser. In den Logierhäusern konnten sich bis zu vierzig Gäste einquartieren. Alle Kurgäste versprachen sich eine Linderung ihrer chronischen und rheumatischen Krankheiten wie Gicht, Ausschlag, Fieber und Augenleiden. Friedrich II. selbst logierte hier mit seinem Gefolge, wenn er zur Inspektion der nahe gelegenen Artillerieübungsplätze kam. Behms Erben veräußerten die Erbpacht später, und 1797 gelangte das Terrain in den Besitz der Stadt Berlin. 1809 wurde es zu Ehren der Königin Luise von Preußen in »Luisenbad« umbenannt.

Immer frisches Obst

Der König, wenn er zum Beispiel in Sanssouci war, wollte in seinem Zimmer immer einige Teller Obst auf dem Tisch haben. Von diesen Tellern nahm er sich, während er seine Arbeit tat, öfter eine Frucht. Als das in Potsdam bekannt wurde, legten die begüterten Gärtner Treibhäuser an, um mit den geernteten Früchten das Wohlwollen des Königs zu erlangen. Für dieses frische und gute Obst bezahlte der König sehr hohe Preise. Man erzählte sich, dass ihn die Kirschen, die er im Dezember und Januar gekauft hatte, bis zu einen Dukaten das Stück gekostet hätten. Andere Früchte wie Pflaumen oder Ananas soll er noch teurer bezahlt haben.

Die Früchte der über 100 Weinstöcke, die auf den Terrassen in Sanssouci wuchsen und ursprünglich aus Italien, Portugal und Frankreich kamen, waren wie die Kirschen, Feigen, Pfirsiche, Aprikosen und Pflaumen nur für die königliche Tafel bestimmt. Friedrich hatte sich seit seiner Jugend mit dem Obstanbau befasst. Die Kirschen und Melonen aus den kronprinzlichen Treibhäusern in Ruppin und Rheinsberg waren schon am Hofe seines Vaters, Friedrich Wilhelm I., begehrt. Nachdem Friedrich II. den Thron bestiegen hatte, gab er den Befehl zur Anlage eines Weinberges in Sanssouci. Die kalten Treibmauern waren für Wein, Feigen, Kirschen und Pfirsiche bestens geeignet.

Das Obst wurde an der Tafel Friedrichs zum Dessert gereicht, wie zum Beispiel bei der Geburtstagsfeier der Königinmutter am 27. März 1748. Dort gab es zum Dessert Kirschen, Pflaumen, Pfirsiche, Weintrauben und anderes Obst aus den Treibhäusern von Sanssouci. Die Idee der Treibhäuser und Orangerien führte der König vor allem in Sanssouci zur weiteren Blüte. So gab es eigenständige Reviere für Orangen, Melonen, Wein, Bananen, Papaya und Ananas. Die besten Ananas, die auf die Tafel des Königs gelangten, waren die aus der Privatgärtnerei von Joachim Ludwig Heydert vor dem Nauener Tor. Friedrich II. beschloss, neue Reviere für die Ananaspflanzen einzurichten. 1785 erwarb er Land vor dem Grünen Gitter und richtete dort Gewächshäuser für diese Frucht ein. Die Ernte seiner eigenen Früchte aus der Hofgärtnerei erlebte Friedrich allerdings nicht mehr.

Jedoch auch in den Heckenquartieren und anderen Bereichen des Berliner Lustgartens konnte man Obstbäume und Gemüseflächen entdecken. Der Anbau sicherte im gewissen Maße die Eigenversorgung des Hofes. Neben einheimischem Gemüse und Kräutern wurden Artischocken, Mais und Topinambur angebaut.

Eine von Friedrichs Lieblingsfrüchten aber war die Melone. Er schrieb an d'Argens während des Siebenjährigen Krieges, und zwar am 2. Juli 1661, fast überschwänglich: »Heute bekam ich Melonen aus Sanssouci. Als ich sie sah, rief ich aus: O allzu glückliche Melonen! Ihr genoßt der Gegenwart des Marquis, die mir versagt ist! Wie braucht er den Brunnen? Hat er Nutzen davon? Geht er spazieren? Macht er sich Bewegung? Die Melone antwortet mir kein Wort. Um sie für ihr Stillschweigen zu bestrafen, verzehrte ich sie auf Ihre Gesundheit.«

Die Kartoffel ist keine königliche Speise

Zunächst wurde die Kartoffel wegen ihrer wunderschönen Blüten als »Exotin« in den fürstlichen Ziergärten verschiedener europäischer Höfe angebaut. Lediglich die Spanier erkannten, dass die Knollen essbar waren und setzten das Gemüse als Schiffsproviant gegen den gefürchteten Skorbut ein. Erst in der zweiten Hälfte des 18. Jahrhunderts erlangte die Kartoffel auch wirtschaftliche Bedeutung.

1720 entschloss sich Friedrich Wilhelm I. als Erster in Europa, aus der exklusiven Pflanze ein billiges Nahrungsmittel für das Volk zu machen: Er befahl den großflächigen Anbau. Doch, wie ein Zeitgenosse berichtete, war die ungewohnte Speise mangels Aufklärung bei seinen Untertanen höchst unbeliebt, denn das Volk konnte mit der harten braunen Knolle nicht viel anfangen: »Die Leute nahmen die hochgepriesenen Kartoffeln verwundert in die Hände, rochen, schmeckten und leckten dran. Schließlich warf man sie den Hunden zum Fraß vor, die sie aber verschmähten. Damit war das Urteil gegen die Kartoffel gesprochen.«

Friedrich II. erkannte den Nutzen der Frucht genau so deutlich, wie sein Vater und forcierte den Anbau der »Erdäpfel« sowie deren Verbreitung. Er sah in dem leicht anzubauenden Gemüse eine Möglichkeit, die immer wiederkehrenden Hungersnöte zu verhindern. Die Bevölkerung blieb aber sehr argwöhnisch gegen die Kartoffel. Durch Aufklärung und kostenlose Überlassung der Pflanzen versuchte der König dennoch den Anbau und die Verbreitung zu befördern. Außerdem mussten die Bauern ihre Anbaumethoden ändern. Als dies alles nichts half, erließ Friedrich 1746 den Befehl zum Kartoffelanbau. Den Kartoffelanbau ließ er sogar durch Soldaten bewachen, was mit zum Erfolg seines Planes führte, denn was in Preußen unter königlicher Aufsicht stand, musste schon einen gewissen Wert haben.

Missernten bei Getreide und drohende Hungersnöte machten die Kartoffel schließlich wirklich zum beliebtesten Sattmacher neben Kastanien, Rüben und anderem lange haltbarem Gemüse. Gegen Ende des 18. Jahrhunderts setzte sich die Kartoffel immer stärker durch; die Knolle wurde zum wichtigsten und oft auch einzigen Nahrungsmittel der Bauern.

So wichtig es dem König auch war, dass sein Volk nicht Hunger leiden musste, so sehr verschmähte er jedoch selbst das braune Erdgemüse. Die Kartoffel schmeckte ihm nicht – wahrscheinlich war das, was sich auch die ärmsten Bauern leisten konnten, für einen König nicht gut genug. Die Knolle passe nicht zu so edlen Speisen wie Rebhuhn, Steinbutt oder Aalpastete, meinte er. Alle Bemühungen der Hofküche waren vergebens. Die Kartoffel war noch nicht hoffähig genug.

Interessant, dachte sich der Archivar. Der König verlangte also nur das Beste für sein Volk, doch ein Gemüse, das landesweit dazu führte, die großen Hungersnöte während schlechter Ernten und langer Winter zu vertreiben, wird von ihm keines Blickes für die eigene Tafel gewürdigt.

Langustiers beste Rezepte – Menü 8

Fischbratwürstchen mit Kräuterschmand und Frisée

Spargelcremesuppe mit Kräuterklößchen

Rosa Roastbeef mit königlicher Remouladensauce
und Bratkartoffeln

Fischbratwürstchen mit Kräuterschmand und Frisée

Zutaten für 4 Personen
500 g Fischfilet
50 g durchwachsener Speck
1 Ei
1 Zwiebel
1 EL Petersilie, fein gehackt
Salz, Pfeffer, Paprikapulver, Majoran
Milch
etwas Butter
1 Sardelle
3 Semmeln

Zubereitung
Fischfilet und Speck durch die Fleischmaschine drehen. Etwas Salz, Paprika, Majoran und gehackte Petersilie gut vermischen. Nebenbei weicht man die Semmeln in Milch ein. Gut ausdrücken und mit der Gewürzmasse mischen. In etwas brauner Butter röstet man kurz eine Porreezwiebel an, gibt dann die gewürzte Semmelmasse dazu, bis sich alles ballt. Kurz überkühlen, dann eine gehackte Sardelle und das rohe, faschierte Fischfleisch einmengen. Brösel nach Bedarf. Auf dem bröselbestreuten Brett rollt man 4 Stück zweifingerdicke Würste aus und wickelt jede einzeln in ein Blatt Fettpapier, legt sie in eine reine Pfanne und bäckt sie im mittelheißen Rohr 30 bis 40 Minuten. Vor dem Anrichten aus dem Papier wickeln.

Für den Kräuterschmand
300 g Schmand
2 Knoblauchzehen
Salz
schwarzer Pfeffer
Paprika
gehackte Kräuter

Zubereitung
Gehackte Kräuter, zerdrückten Knoblauch und Schmand verrühren und mit Salz, Pfeffer und Paprika würzen.

Für den Frisée
1 großer Friséesalat
4 Scheiben Weißbrot (vom Vortag)
40 g Butter
Salz

1 Knoblauchzehe
50 g durchwachsener Speck
3 EL Essig (zum Beispiel Kräuter- oder Apfelessig)
Salz
weißer Pfeffer aus der Mühle
½ TL flüssiger Honig
¼ TL Senf
4 EL Pflanzenöl

Zubereitung
Den Frisée putzen, waschen, trocknen, schleudern und in mundgerechte Stücke zerpflücken. Brot in gleichmäßige kleine Würfel schneiden, Butter in einer Pfanne erhitzen und die Brotwürfel darin kross rösten. Auf Küchenkrepp abtropfen lassen. Den Knoblauch in der restlichen erhitzten Butter und bei milder Hitze weich dünsten. Speck würfeln, zum Knoblauch geben, kurz mitrösten. Salat mit der Knoblauch-Speck-Mischung in eine Schüssel geben. Essig mit etwas Salz, Pfeffer, Honig und Senf verrühren, das Öl langsam zufügen und alles über den Salat gießen. Den Salat vorsichtig mischen und mit den Brot-Croûtons bestreuen. Wer Knoblauch in geballter Konzentration nicht mag, reibt nur die Schüssel mit einer aufgeschnittenen Knoblauchzehe aus.

Spargelcremesuppe mit Kräuterklößchen

Zutaten für 4 Personen
500 g Spargel
150 g Butter
400 ml Brühe
150 ml Schlagsahne
30 g Mehl
30 g Butter
Salz, Pfeffer aus der Mühle
1 EL geschlagene Sahne
1 EL Petersilie, gehackt
1 EL Kerbel, gehackt

Zubereitung
Spargel waschen, sorgfältig schälen, holzige Enden abschneiden und die Stangen in Stücke schneiden. Butter in einem Topf zerlassen und die Spargelstücke 8 bis 10 Minuten dünsten. Spargelköpfe herausnehmen, zum Anrichten beiseite stellen und warm halten. Den restlichen Spargel mit der Flüssigkeit, der Brühe und der flüssigen Sahne im Mixer oder mit dem Pürierstab aufmixen. Mehl und Butter verkneten und in die kochende Suppe rühren, mit Salz und Pfeffer abschmecken. Geschlagene Sahne unter die Suppe heben. Mit Spargelköpfen und Kräuterklößchen auf vorgewärmten Tellern anrichten.

Für die Kräuterklößchen
1 EL gehackte Kräuter (Petersilie, Dill, Schnittlauch, ein wenig Majoran oder Bohnenkraut, Spinat und Wildkräuter)

⅛ l Milch
1 EL Margarine
Salz, Muskat
50 g Gries
1 Ei

Zubereitung
Die Milch zusammen mit Margarine und den Gewürzen aufkochen. Den Gries hineinschütten und rühren, bis sich ein glatter Kloß vom Topfboden abbäckt. Vom Herd nehmen und das gequirlte Ei und die gehackten Kräuter darunter arbeiten. Mit einem in kaltes Wasser getauchten Löffel Klößchen abstechen, mit nassem Messer glatt streichen, in kochendem Salzwasser oder in Brühe gar ziehen lassen.

Rosa Roastbeef mit königlicher Remouladensauce und Bratkartoffeln

Zutaten für 4 Personen
800 g Roastbeef
50 ml Öl
Salz, Pfeffer

Zubereitung
Das Rostbeef würzen und in heißem Öl von allen Seiten anbraten. Danach bei einer Temperatur von 90 bis 100 °C in den

Ofen schieben. Bei einer Kerntemperatur von 60 bis 65 °C ist das Roastbeef gar und rosa. Braten aus dem Ofen nehmen, ruhen und abkühlen lassen. Wenn es kühl ist, kann das Roastbeef aufgeschnitten werden.

Für die königliche Remouladensauce
2 Eigelbe
Salz
⅛ l Öl
Zitronensaft oder Essig
3 EL saure Sahne
1 EL gehackte Kräuter
1 EL gehackte Gurken
1 EL gehackte Anchovis

Zubereitung
Eigelb und 1 Prise Salz verrühren, tropfenweise das Öl zusetzen und weiter rühren, bis die Mayonnaise ganz steif ist. Mit Zitronensaft, Salz und nach Belieben 1 Prise Zucker abschmecken. 3 Esslöffel saure Sahne und Kräuter, Gurken und die Anschovis zufügen und vermengen.

Für die Bratkartoffeln
500 g Kartoffeln
30 g Bratfett
1 Zwiebel
Salz

Zubereitung
Gekochte Kartoffeln schälen und in Scheiben schneiden. Das Fett erhitzen, die Kartoffeln zugeben und Salz darüber streuen.

Während des Bratens wenden. Die kleinen Zwiebelwürfel dazu geben und nach Belieben über die fertig gegarten Kartoffeln Eier schlagen.

Zur Jagdsaison oder auch schon einmal dazwischen kamen die verschiedensten Wildgerichte auf die königliche Tafel. Das waren Speisen vom Hirsch, Wildschein, Reh und Hasen, die die Hofküche in verschiedenen Versionen in die Porzellanschüsseln zauberten. Das Wildfleisch ist gegenüber dem von Haustieren ein kräftiges, aromatisches Fleisch mit dunkler Färbung und einem geringen Fettanteil.

Wildgerichte nach Langustier

»Hasenpfeffer« mit süß-saurem Weißkohlsalat und ofenfrischem Brot (Fucatscha)

Geschmorte Rehkeule mit Waldpilzen und Haselnussspätzle

Gratinierter Hirschrücken mit Kirsch-Zimtsauce und Rosenkohlpüree

Gegrillte Wildschweinhaxe auf Rahmwirsing mit gebratenen Serviettenknödeln

»Hasenpfeffer« mit süß-saurem Weißkohlsalat und ofenfrischem Brot (Fucatscha)

Zutaten für 4 Personen
1 kg Hasenklein (Hals, Brust, Bauchlappen, Vorderläufe und Herz)
50 ml Öl
150 g Zwiebeln
200 g Möhren
150 g Rotwein

Salz, Pfeffer, Lorbeerblatt, Gewürznelken, Wacholderbeeren, Zucker, Zitronensaft, Essig

Zubereitung
Fleisch würzen, kurz und kräftig anbraten. Zwiebeln in Würfel schneiden, dazu geben und anbräunen. Die geputzten und geschnittenen Möhren und die Gewürze hinzufügen. Mit Wasser und Wein angießen und schmoren lassen, bis das Fleisch weich ist. Das Gericht kräftig mit Zucker, Pfeffer und Zitronensaft abschmecken und binden (Roux).

Für den Weißkrautsalat
500 g Weißkraut
150 g Tomaten
300 g Äpfel
180 g Zwiebeln
50 ml Öl
50 g Zucker
40 ml Essig oder Zitronensaft
Salz, Pfeffer

Zubereitung
Weißkraut fein schneiden und mit Salz mürbe kneten. Tomaten und Äpfel klein schneiden und unter den Weißkohl geben. Öl erhitzen und die fein geschnittene Zwiebel glasig schwitzen und ebenfalls unter den Weißkohl geben. Alles mit Zucker, Essig, Salz und Pfeffer abschmecken. Beim Anrichten mit fein gehackter Petersilie bestreuen.

Geschmorte Rehkeule mit Waldpilzen und Haselnussspätzle

Zutaten für 4 Personen

1,2 kg Rehkeule (ohne Knochen und gehäutet)
Pfeffer
1 EL Zitronenschale, in feinen Streifen (unbehandelt)
1 EL Wacholderbeeren (etwas zerdrückt)
1 l trockener Rotwein
Salz
50 g fetter Speck (in dünne Streifen geschnitten)
80 ml Öl
150 g klein gewürfeltes Suppengrün
¼ Wildfond
50 g Mehlbutter (25 g Mehl und 25 g Butter verknetet)

Zubereitung

Rehkeule pfeffern, in ein Porzellangefäß geben, mit Zitronenschale und Wacholderbeeren bestreuen und mit Rotwein begießen. Die Keule abgedeckt kühl stellen. 1 bis 3 Tage marinieren und dabei häufiger wenden. Die Keule aus der Marinade nehmen, trocken tupfen und salzen, mit den Speckstreifen spicken, zusammenrollen und mit Küchengarn zusammenbinden. Öl in einem entsprechend großen Bräter erhitzen, die Fleischrolle rundherum gut anbraten und wieder aus dem Bräter nehmen. Das Fett bis auf einen kleinen Rest aus dem Bräter gießen. Gemüsewürfel kräftig anrösten, mit ¼ l Marinade ablöschen und den Wildfond zugießen. Das Fleisch im geschlossenen Bräter im vorgeheizten Backofen bei 200 °C für 1 ½ Stunden garen. Während der Garzeit die restliche Marinade zugießen und die

Röststoffe an der Bräterwand lösen. Das Fleisch aus dem Bräter nehmen, das Küchengarn entfernen und im ausgeschalteten Ofen warm stellen. Schmorfond etwas einkochen lassen und mit der Mehlbutter binden.

Für die Haselnussspätzle
500 g Mehl
7 Eier
50 g Haselnüsse
Salz, Pfeffer

Zubereitung
Mehl, Eier, Salz, Pfeffer und feine Haselnüsse zu Spätzle verarbeiten und den daraus entstandenen Teig kurz kühl stellen. Den Spätzleteig auf ein feuchtes Schabebrett legen und mit einem Teigschaber ins siedende Salzwasser abschaben. Garziehen lassen und ins Eiswasser geben.

Für die Waldpilze
200 g Pfifferlinge
200 g Champignons
200 g Steinpilze
50 g Butter
20 g Speck
30 g Zwiebeln
1 EL Schnittlauch geschnitten

Zubereitung
Die Pilze putzen und halbieren, in Butter anbraten mit Speck und Zwiebeln verfeinern und würzen. Kurz vor dem Anrichten den Schnittlauch unterschwenken.

Gratinierter Hirschrücken mit Kirsch-Zimtsauce und Rosenkohlpüree

Zutaten für 4 Personen
700 g Hirschrücken
Öl
Salz, Pfeffer
2 Eier
100 g Butter
150 g Semmelbrösel
3 EL Aprikosenmarmelade

Zubereitung
Den Hirschrücken parieren (von Haut und Fett befreien), salzen, pfeffern und in Öl scharf anbraten. Danach den Hirschrücken mit der vorbereiteten Panade aus Eiern, Butter, Semmelbrösel und Aprikosenmarmelade versehen und im Ofen bei 180 °C ca. 20 Minuten garen lassen.

Für die Kirsch-Zimtsauce
400 ml Wildjus
150 g Kirschen
30 ml Balsamicoessig
Honig
20 g Zimt
Roux, dunkel
Salz, Pfeffer

Zubereitung
Balsamicoessig mit etwas Honig reduzieren lassen. Wildfond mit Balsamico-Reduktion, Salz, Kirsch-Zimt-Sauce abschmecken und mit der dunklen Roux abbinden.

Kirschen kurz vor dem Anrichten in die Sauce geben.

Für das Rosenkohlpüree
200 g Kartoffeln, geschält
400 g Rosenkohl
50 g Butter
Muskat, Salz, Pfeffer,
Milch (nach Bedarf)

Zubereitung
Den Rosenkohl und die Kartoffeln schälen, waschen und zusammen kochen. Beides zusammen pürieren und mit Butter, etwas Muskat und Salz abschmecken.

Gegrillte Wildschweinhaxe auf Rahmwirsing mit gebratenen Serviettenknödeln

Zutaten für 4 Personen
4 Lammhaxen
1 Bund Suppengrün
200 g Zwiebeln
6 Knoblauchzehen
50 g Tomatenmark
80 ml Öl
50 g Mehl
1 ½ l Brühe
150 ml saure Sahne
Salz, Pfeffer, Kümmel, Wacholderbeeren

Zubereitung
Lammhaxen mit Salz und Pfeffer würzen und in einem Topf von allen Seiten gut anbraten. Das Suppengrün und die Zwiebeln waschen und klein schneiden. Alles zu den Lammhaxen geben und braten. Tomatenmark zugeben und mit andünsten. Danach den Topfinhalt mit Wasser oder Brühe ablöschen. Mehrmals durchführen, dadurch entsteht die braune Farbe. Dann den Braten mit Kümmel und Knoblauch würzen und für 60 Minuten bei 180 °C im Backofen schmoren, bis der Braten weich ist. Die Haxen herausnehmen und kurz noch einmal unter den Grill geben, damit sich eine Kruste bildet. Sud durch ein Sieb abgießen und mit einer Mehlschwitze binden. Mit Salz, Pfeffer und saurer Sahne abschmecken.

Für den Rahmwirsing
1 Wirsingkohl (ca. 1,2 kg)
40 g Butter
3 EL Sahne
Salz, Pfeffer

Zubereitung
Wirsing putzen, waschen, den Strunk entfernen und den Kohl in grobe Steifen oder Rauten schneiden. Danach in Salzwasser einmal aufkochen, auf ein Sieb geben und in eiskaltes Wasser tauchen, abtropfen lassen und etwas ausdrücken. Den Wirsing mit Butter, und Sahne in einem Topf mischen und 5 bis 10 Minuten schmoren. Mit Salz und Pfeffer abschmecken.

Für die Gebratenen Serviettenknödel
400 g Weißbrot, hart
¼ l Milch
3 Eier
60 g Butter
Salz, Pfeffer, Muskat

Zubereitung
300 g Weißbrot verreiben und mit Milch übergießen. Eier, zerlassene Butter, Salz und Muskat dazu geben. Den Teig so lange schlagen, bis er flüssig wird. Den Rest Weißbrot in Würfel schneiden, in Butter anbraten und unter den Teig geben. Eine feuchte Stoffserviette mit Mehl bestreuen, den Teig darauf geben und locker zusammenbinden, in siedendes Salzwasser hängen und eine Stunde langsam kochen. Den Knödel in Scheiben schneiden und in Butter anbraten.

Tafelepisoden des Königs

Der König war gegen seine Diener oft sehr unwillig über kleine Fehler, wenn sie aus Nachlässigkeit geschahen, so zum Beispiel, wenn ein Teller oder eine Tasse zerbrochen wurde. Als aber einmal ein Diener mit einem Arm voller Geschirr von einem sehr kostbaren Porzellanservice auf dem polierten Boden des Speisezimmers ausglitt und alles zerbrach, sagte er kein Wort darüber und verlangte auch keine Entschädigung. Der Betroffene war sehr erleichtert darüber.

Ein anderes Mal schüttete ein Bediensteter beim Auftragen der Speisen, durch einen anderen angestoßen, einem der Gäste des Königs gesunde Brühe über die Kleidung. Beide Lakaien wurden blass und gerieten außer Fassung. Als sie weg waren, sagte der König zu dem Begossenen: »Es thut mir leid, daß Sie einen Fleck haben; aber die beiden Leute erschracken doch auch ganz entsetzlich. Ich sah es, daß sie beide ohne Schuld waren.«

Auch, als Friedrich zu Kriegszeiten im so genannten Felde dinierte, genoss er königliche Vorzüge. Es war nicht immer so, wie es auf dem Bild »Tafelrunde von Friedrich II. im Felde« aus dem Jahre 1762, zu sehen ist, dass den König und seine Tischgenossen kurz vor Beendigung des Siebenjährigen Krieges darstellte. Hier befindet sich die Tischgesellschaft mit Friedrich II. und seiner Gemahlin Elisabeth Christine, Damen und Herren des Hofes, Pagen und Lakaien beim letzten Gang des Mahles und trinkt gerade Kaffee. Während des Siebenjährigen Krieges waren auch oft weniger üppige Mahlzeiten auf der königlichen Tafel anzutreffen.

Ausstattung der Feld-Equipage

Während der Kampagne in den Jahren 1740 bis 1745 sowie von 1756 und 1757 als der König campierte, gab es täglich fünf Tafeln zu dreißig Couverts, wie die Teile einer Speisefolge, später als Gedeck genannt, bezeichnet wurden. Die erste Tafel – die des Königs – wurde mit Silber serviert und dazu zwei Suppen und 14 große Schüsseln mit Speisen.

Die zweite Tafel war für den ersten General-Adjutanten, den Wirt an dieser Tafel, mit zwei Suppen und sechs angerichteten Schüsseln mit Speisen bedacht. Gedeckt wurde die Tafel mit Zinn- und Silberbesteck.

Auf der dritten, vierten und fünften Tafel wurden die Speisen wie für die zweite Tafel angerichtet, allerdings mit einem Zinn- und Hirsch-Horn-Besteck sowie einem Löffel.

Im Frühjahr und im Herbst begab sich der König zu den Truppenbesichtigungen und Truppenübungen. Zu den Mahlzeiten hatten die Köche an drei Tafeln die Speisen zu zelebrieren. Das waren die Tafel für den König, die Tafel für die Adjutanten und die Tafel für die Ordonanz-Offiziere. Diese drei Tafeln waren mit 24 bis 28 Gedecken ausgestattet. Neben diesen Tafeln standen kleinere Tische für die Kabinettsräte, den Geheimen Kämmerer, den Leibmedikus, die Leibpagen, die Kammerdiener, die Kammerlakaien und die Kammer-Husaren. Weiter folgten die Tische, an denen der Leibjäger, Hofjäger und der Hoflakai saßen. Etwas abseits der Tafel waren bei diesen Tafelrunden die Personen der Küchenstube, die Köche, Personen aus der Silberkammer und der Kellerei anwesend. Insgesamt waren es elf Tische.

Die Kalte Reise-Küche Friedrichs

Während der König auf Reisen ging, fertigte die Küche kalte Speisen für die Reisezeit an. Ein solcher Posten befindet sich am 13. August 1777 in den Küchenzetteln der Hofküche. Diese Position wird unter der Rubrik »Zur Reise und Kalte Küche« geführt. Seine Inspektionsfahrt trat der König mit seinem Gefolge an. Unter den Mitreisenden waren der Graf von Hord, Gouverneur der Festung Spandau, sowie die Prinzen von Württemberg und von Holstein-Beck.

Folgende Speisen wurden auf die Reise nach Crossen in Schlesien am 14. August 1777 mitgenommen:

12 Pfund Kalbfleisch, 8 Pfund Hammelfleisch, 2 Fasane, ½ Reh, 16 Hühner, 3 Ochsenzungen, 1 Kalte Pastete, 2 Pfund Butter, 2 Stück Plomnecks.

Am übernächsten Tag führte die Inspektion nach Glogau. Der Posten »Kalte Küche und zur Reise in den Wagen« bezeichnete folgende Speisen:

Gebratenes ½ Reh, 16 Stück Hühner, 18 Pfund Kälberbraten, 14 Pfund Hammelbraten, 1 Ochsenzunge, 1 Gott Wurst, Kuchen, Plomnecks, 4 Pfund Butter, 2 Pfund Käse, 2 Zitronen.

Langustiers beste Rezepte – Menü 9 (Schlachtermenü)

Märkische Wurstsuppe

Eisbeinsülze mit Kräutersauce und deftigem Graubrot

Leber und Rotwürstchen, Wellfleisch aus dem Kessel, Sauerkraut und Salzkartoffeln

Quarkspeise mit Pumpernickel

Märkische Wurstsuppe

Zutaten für 4 Personen
150 g hausgemachte Blutwurst
150 g hausgemachte Leberwurst
600 ml Wurstbrühe
100 g Möhren
100 g Porree
1 Knoblauchzehe
20 ml Öl
¼ Bund Petersilie
Salz, Pfeffer, Majoran, Muskat

Zubereitung
Möhren und Porree putzen und in kleine Würfel schneiden.

Die Petersilie und den Knoblauch fein hacken. Blut- und Leberwurst in der Brühe 15 Minuten kochen. Das Gemüse in etwas Öl 5 bis 10 Minuten dünsten und in die Brühe geben. Zwei Minuten mitkochen und alles mit den Gewürzen abschmecken. Beim Servieren mit gehackter Petersilie bestreuen.

Eisbeinsülze mit Kräutersauce und deftigem Graubrot

Zutaten für 4 Personen
1 kg Eisbein
2 l Wasser
Salz
Lorbeerblatt
Zwiebel
Gewürzkörner
2 Möhren
1 Sellerie
Essig
1–2 saure Gurken
4 Scheiben Graubrot

Zubereitung
Das Fleisch gründlich waschen, mit kaltem Wasser, Gewürzen, dem geputzten und geschnittenen Gemüse ansetzen und ca. 2 Stunden köcheln lassen. Das gegarte Fleisch vom Knochen lö-

sen und in gleichmäßige Stücke schneiden. Die Brühe durchseihen und mit Essig abschmecken. Das Fleisch mit Gurkenwürfeln vermengen, in Schüsseln oder Formen verteilen, die Brühe auffüllen und erstarren lassen.

Für die Kräutersauce
½ Bund Petersilie
½ Bund Thymian
100 ml Gemüsebrühe
100 g Butter
50 g Schmand

Zubereitung
Butter auslassen, die Brühe sowie den Schmand hinzu tun, abschmecken und die fein gehackten Kräuter dazu geben. Das Ganze mit kräftigem Graubrot servieren.

Leber und Rotwürstchen, Wellfleisch aus dem Kessel, Sauerkraut und Salzkartoffeln

Zutaten für 4 Personen
4 hausgemachte Leberwürstchen
4 hausgemachte Rotwürstchen
400 g Schweinebauch

200 g Zwiebeln
Salz, Pfeffer, Piment, Lorbeer, Majoran, Suppengrün

Zubereitung
Wellfleisch in kaltem Wasser ansetzen und zum Kochen bringen, mit einem Schaumlöffel abschäumen, die Gewürze und das geputzte Suppengrün dazu geben und kochen lassen bis das Fleisch weich ist. In dieser Brühe auch die Würstchen erhitzen.

Für das Sauerkraut
750 g Sauerkraut
50 g Zwiebeln
50 g Fett

Zubereitung
Das Sauerkraut grob hacken, einen kleinen Teil davon zugedeckt beiseite stellen. Fett in einem Topf erhitzen, die Zwiebelwürfel mit Sauerkraut und Wacholder zugedeckt im eigenen Sud dünsten. Wenn nötig, Brühe, Weißwein oder Apfelsaft dazu geben. Vor dem Auftragen das rohe Sauerkraut hinzu fügen Zum Verfeinern Apfelstücke, Pflaumen oder Weinbeeren zum Dünsten dazu geben.

Für die Salzkartoffeln
400 g Kartoffeln
Salz

Zubereitung
Kartoffeln schälen und in Salzwasser kochen, abgießen und dämpfen lassen.

Quarkspeise mit Pumpernickel

Zutaten für 4 Personen
250 g Quark
50 g Zucker
½ Päckchen Vanillinzucker
abgeriebene Zitronenschale
etwas Milch
80 g Pumpernickel, gemahlen

Zubereitung
Den Quark mit Zucker, Gewürzen und so viel Milch verrühren, dass eine dickschaumige Creme entsteht. Die gemahlenen Pumpernickel unterheben und abschmecken.

Schwimmende Überraschungen

Über eine unerwartete Bereicherung seines Speiseplanes war Friedrich immer hoch erfreut. So war es auch bei der Nachricht vom Februar 1754, die sein Kammerherr Fredersdorff, ihm vom Grafen Algarotti übermittelte: »Er erwartet täglich frische Butarda Aus Corfu, welche Er, so Baldt wie möglich, vor Ew. K. Maj. unther-thänigst absenden wird, und leget sich Ew. Königl. Maj. Zu-Füsen.«

Aus Hamburg kamen ständig Lieferungen der Firma Martino Sartorio. Ein Rechnungszettel trägt die Bemerkung: »Vor Ihro Königl. Majestät in Preußen Hoffküche haben untertänigst folgendes an Extra Sachen geliefert.« Die Rechnungen stammen vom 2. Oktober bis 9. November 1742. Geliefert wurden Krebse, Austern, Hummer, Hechte, Heringe, Aal, Schellfische, Steinbutt, Seezungen, Kabeljau (Dorsch), Schollen und Bücklinge. Darüber hinaus standen auf der königlichen Tafel: Brasse (Blei), Forelle, Zander, Stör, Bargen und Austern (Maarhenne – eine französische Auster und Ostendes – eine belgische Austernsorte).

Der italienische Schriftsteller und vielseitige Gelehrte Graf Francesco Algarotti, war nicht nur ein von Friedrich geschätzter philosophischer Gesprächspartner und sein Kammerherr, er übersandte auch schon mal ein kleines Geschenk, wie das von Anfang März 1760 – Kaviar. Der König bedankte sich, hatte aber leider nichts davon, denn die Reichstruppen erbeuteten und verzehrten dieses Geschenk – es herrschte der Siebenjährige Krieg.

Fischgerichte nach Langustier

Gekochter Dorsch in Senfbutter mit
Kräuterkartoffeln

Hechtklößchen in Kapernsauce mit Sardellen
und Kartoffelpüree

Seeteufelmedaillons mit Rauchschinken an
zweierlei Saucen, Mangold und Tomatenreis

Gebratenes Havelzanderfilet auf Rahmsauerkraut
und Dillkartoffeln

Gekochter Dorsch in Senfbutter mit Kräuterkartoffeln

Zutaten für 4 Personen
1 kg Dorschkotelett
100 g Möhren
50 g Sellerie
100 g Porree
100 g Zitrone
100 ml Weißwein
Salz, Piment, Lorbeerlaub

Zubereitung

Wasser und Wein mit Gemüse und Gewürzen zum Kochen bringen. Dorschkoteletts einlegen, zum Kochen bringen und 5 Minuten gar ziehen.

Für die Senfbutter

250 g Butter

100 g Senf mittelscharf

Zubereitung

Butter erhitzen bis sie klar ist, abkühlen. Nach und nach den Senf langsam unter die Butter rühren.

Für die Kräuterkartoffeln

400 g Kartoffeln

60 g Butter

Kräuter, gehackt

Zubereitung

Kartoffeln schälen und in Salzwasser abkochen. Butter in einer Pfanne zerlaufen lassen, gehackte Kräuter hinzu geben und die Kartoffeln anschwitzen.

Hechtklößchen in Kapernsauce mit Sardellen und Kartoffelpüree

Zutaten für 4 Personen

500 g Hechtfilet
400 ml Sahne
1 TL gehackter Dill
10 ml Pernod
Pfeffer, Salz
½ l Fischfond
40 g Butter
30 g Mehl
30 g Kapern
30 g Sardellen
50 g Zwiebeln
100 ml Sahne

Zubereitung

Hechtfilet grob schneiden und in einer Küchenmaschine mit Sahne, Pernod, Pfeffer und Salz fein kuttern. Die Hechtfarce mit Dill verfeinern und kleine Klößchen daraus drehen, die in gesalzenem Fischfond gar gezogen werden. Parallel Zwiebelwürfel, Kapern und die gehackten Sardellen in Butter schwitzen, eine Mehlschwitze daraus herstellen und mit dem Fischfond ablöschen. Die Sauce wird mit Sahne verfeinert und mit den Klößchen zusammen serviert.

Für das Kartoffelpüree

500 g Kartoffeln
100 g Butterflocken

50 ml Milch
Salz, Muskat

Zubereitung
Kartoffeln schälen, in Salzwasser kochen, durch die Presse drücken und eventuell mit Muskat bestreuen, Butterflocken und Milch unterheben.

Seeteufelmedaillons mit Rauchschinken an zweierlei Saucen, Mangold und Tomatenreis

Zutaten für 4 Personen
4 Seeteufelfilets á 150 g
30 ml Öl
8 Scheiben Schinken
600 g Mangold
Pfeffer, Salz
40 g Butter
80 g gelbe Zucchiniwürfel
50 g Zwiebelwürfel

Zubereitung
Seeteufelfilet würzen und mit dem Schinken umwinkeln. In wenig Öl braten und 2 Minuten ruhen lassen. Mangold waschen,

putzen und vom Stielansatz entfernen. Die geschichteten Blätter in der Butter mit den Zwiebeln und den Zucchini würfeln, durchschwenken und mit Salz und Pfeffer würzen. In die Mitte des Tellers geben und den Seeteufel darauf anrichten. Die Saucen herum drapieren und ein Timbad von Reis dekorativ daneben setzen.

Für den Tomatenreis
50 g Reis, abgekocht
30 g Strauchtomatenwürfel
20 g Tomatenmark
30 g feine Schluppenstreifen
20 g Butter
10 g Honig
Salz, Pfeffer, Muskat

Zubereitung
Alles zusammen mit den anderen Zutaten erhitzen und mit Salz, Pfeffer und Muskat verfeinern.

Für zweierlei Saucen
1 Schote rote Paprika
1 Schote gelbe Paprika
1 Schalotte
100 ml Sahne
100 ml Gemüsebrühe
40 ml Noilly Prat
40 g Butter

Zubereitung
Schalotte je zur Hälfte in zwei Töpfen in Butter anschwitzen. In einem Topf die rote geschnittene Paprika und in dem anderen Topf die gelbe geschnittene Paprika mit anschwitzen. Jeweils mit 50 ml Sahne auffüllen, mit Salz und Pfeffer würzen und mit Noilly Prat abschmecken. Beide Saucen pürieren und passieren.

Gebratenes Havelzanderfilet auf Rahmsauerkraut und Dillkartoffeln

Zutaten für 4 Personen
4 Zanderfilet à 150 g
500 g frisches Sauerkraut
50 g Butter
50 g Zwiebeln
100 g Creme fraiche
¼ Liter Brühe
100 g Butter (zum Braten von Zanderfilets)
50 g Mehl
500 g Kartoffeln
½ Bund Dill
50 g Butter
Salz, Pfeffer, Kümmel, Lorbeer, Piment

Zubereitung
Sauerkraut etwas klein schneiden, mit Butter und Zwiebeln leicht anschwitzen, etwas Brühe dazu geben und kochen lassen. Zum Schluss Creme fraiche dazu geben und abschmecken. Das Sauerkraut kann leicht mit Stärke gebunden werden.

Den Zander würzen, auf der Hautseite leicht melieren und knusprig braten. Das cremige Sauerkraut auf den Teller geben, das knusprige Zanderfilet darauf anrichten und mit den Dillkartoffeln umlegen.

Für die Dillkartoffeln
400 g Kartoffeln
60 g Butter
Dill, gehackt

Zubereitung
Kartoffeln schälen und in Salzwasser abkochen. Butter in einer Pfanne zerlaufen lassen, gehackten Dill hinzugeben und die Kartoffeln anschwitzen

»Service à la française« – Selbstbedienung bei Hofe

Im 17. und 18. Jahrhundert wurde die Tafel an den königlichen Höfen nach dem Prinzip »service à la française« angerichtet. Die Mahlzeit wurde in mehreren Gängen aufgetragen. Die Anzahl der Gänge nahm im Laufe der Zeit zwar ständig ab, aber die Liste der Gerichte, aus denen ein Gang bestand, wurde stets länger. Der erste Gang bestand aus Vorspeisen und Suppen.

Zum zweiten Gang servierte man Braten und Geflügel mit verschiedenen würzigen und süßen Beigerichten. Beim abschließenden Dessertgang entfaltete sich der ganze Luxus der verschiedenen Süßspeisen. In der Regel wurde Fleisch, Fisch, Geflügel und Gemüse komplett aufgetischt. Die Nahrungsmittel schwammen in Saucen oder Tunken. Eine phantasievolle Kombination der verschiedenen Produkte und Gewürze, das Ragout, kam vom französischen Hof. Dieses bestand oft aus möglichst vielen kostspieligen und luxuriösen Nahrungsmitteln. Beim »service à la française« mussten die Gäste sich selbst bedienen, sich gegenseitig behilflich sein oder den Tafeldiener um Hilfe beim Vorlegen bitten. Dieses Prinzip nahm im Laufe des 18. Jahrhunderts immer verschwenderischere Formen an. Zuweilen standen während eines Ganges über hundert Gerichte nebeneinander auf der Tafel, so dass der Gast während des Servierens nicht wusste, welches Gericht ihn erwartete, geschweige denn, für welche der fantastischen Speisen er sich entscheiden sollte. Damals gab es noch keine Menükarten, so dass jeder Gast auf seinem Teller kombinieren konnte, was ihm als wohlschmeckend erschien bzw. was in seiner Nähe stand.

Die Hunde Friedrich II. an der königlichen Tafel

Friedrichs große Leidenschaften waren die Arbeit, die Musen – und seine Hunde. Der Theologe und Geograph Anton Friedrich Büsching, seit 1766 Direktor des Gymnasiums zum Grauen Kloster und Oberkonsistorialrat, schrieb zwei Jahre nach Friedrichs Tod: »Aus Hunden machte Er sich unsäglich viel, und hatte beständig drey oder vier Stück um sich, von denen einer Sein Favorit, und die anderen desselben Gesellschafter waren. Jener lag bey Tag allezeit da, wo der König saß, an der Seite desselben, auf einem besonderen Stuhl, den zwey Küssen bedeckten, und schlief des Nachts bey Ihm im Bette. Die anderen wurden des Abends weg, und am folgenden Morgen, wenn man Ihn weckte, wieder gebracht, da denn die kleine Gesellschaft durch ihre große Munterkeit und Zärtlichkeit dem Könige Vergnügen machte. Sie saßen neben Ihm auf den Canapés, die dadurch beschmutzet und zerrissen wurden, und der König erlaubte ihnen alles. Er sorgte aufs zärtlichste für ihre Erhaltung, Gesundheit und Verpflegung; der Favorit empfing auch bey der Tafel etwas aus der Hand des Königs; überhaupt aber wurden die Hunde von einem Bedienten versorget, der sie auch nach ihrer Mahlzeit bey guter Witterung spazieren führete, damit sie der frischen Luft genießen konnten. Ein Bedienter, der aus Unvorsichtigkeit einem Hund auf den Fuß trat, konnte dem Zorn des Königs nicht wohl entgehen. Der König, äußerst sorgsam für seine Gesundheit, die er im folgenden Feldzuge, wie er wohl wußte, so sehr würde nöthig haben, speisete des Abends gar nicht. Er ließ dem Markis aber die Wahl, ob er um halb 8 Uhr nach dem Konzerte in seiner Gegenwart speisen, oder ob er früher zu Hause speisen und um diese Zeit zu ihm kommen wollte. Der Markis wählte das letzte. Eines Abends, da er ins Zimmer trat, fand er den König auf dem platten Boden sitzen, vor ihm eine Schüssel mit Fricassé, aus welcher seine Hunde ihr Abendessen hielten. Er hatte ein kleines Stöckchen in der Hand, mit dem er unter denselben Ordnung hielt, und dem Favorithunde die besten Bissen zuschob.

Der Marquis trat einen Schritt zurück, schlug die Hände voll Bewunderung zusammen, und rief aus: ›Wie werden sich doch jetzt die fünf großen Mächte von Europa, die sich wider den

Marquis de Brandebourg verschworen haben, den Kopf zerbrechen, was er jetzt thut? Sie werden etwa glauben, er macht einen für sie gefährlichen Plan zum nächsten Feldzuge, er sammlet die Fonds, um dazu Geld genug zu haben, oder besorgt die Magazine für Mann und Pferd, oder er entwirft Negotiationen um seine Feinde zu trennen und sich neue Alliirten zu schaffen. Nichts von alle dem! Er sitzt ruhig in seinem Zimmer und füttert seine Hunde.‹«

Der genannte Marquis, Girolamo Marchese Lucchesini, hatte mit nur 29 Jahren das Glück, Kammerherr Friedrichs II. zu werden, weil ihn der Lieblingshund des Königs, Windspiel Alcmene, offenbar bei der ersten Begegnung mochte. Der König war von der Reaktion seines vierbeinigen Freundes so angetan, dass er Lucchesini sofort eine Anstellung genehmigte. Bei der ersten Begegnung Friedrichs mit dem Italiener sprang Alcmene an ihm hoch und wedelte freudig mit dem Schwanz. Der König, ganz verblüfft über seine sonst zurückhaltende Hündin, starrte den Marchese wie etwas ganz Ungewöhnliches an: »Eh bien, Marquis! Wenn Alcmene ja sagt, kann ich schlecht widersprechen.«

Im Alter wurden die Hunde für Friedrich noch wichtiger und sie waren die einzigen Wesen, die des Königs gesamte Aufmerksamkeit auf sich ziehen konnten.

In diesem Zusammenhang schrieb Lucchesini in sein Tagebuch, dass im Dezember 1784 ein offizielles Souper beim König stattgefunden habe. Friedrich nahm dabei das Fleisch vom Teller und legte es für seinen Lieblingshund mit den Fingern direkt auf das Tischtuch, damit es kalt werden konnte. Dann verfütterte er das Fleisch an den Hund. Er ließ sich oft auch das Hundemenü zeigen, um es zu überwachen. Die Lakaien mussten die Tiere französisch und mit Sie anreden!

Königliche Küchenzettel vermerken, was von der Hofküche für Friedrichs Hunde zum Fressen zubereitet wurde. So bekamen die Tiere am 6. Juli 1772 eine reichliche Auswahl an Speisen: zwei Liter Milch, ein ¾ Pfund Butter, zwei Hühner, vier Stück Kalbsbraten, vier Stück Hammelbraten und Kuchen. Am 24. Juli 1772 bekamen sie Kalbsbraten und Huhn …

»Ich war schon sehr amüsiert über die Liebe des Königs zu seinen vierbeinigen Begleitern, allerdings auch verwundert, wie weit diese Liebe gegangen war.« Fast hätte Richter, in derartigen Gedanken versunken, eine Menükarte, die er in den Händen hielt, versehentlich zu den Akten über Friedrichs Hundeliebe getan. Ob dies wirklich aus der Hand des Zweiten Hofküchenmeisters stammt, ist zwar nicht gewiss, doch zweifelt der Archivar keinen Augenblick daran, dass sie es hätte sein können.

Langustiers beste Rezepte – Menü 10

Muschelsuppe mit Wurzelgemüse

Gebratene Maispoularde »supreme«
auf Karottengemüse und Tomatenreis

Schokoladenmousse mit Balsamicokirschen

Muschelsuppe mit Wurzelgemüse

Zutaten für 4 Personen
1 kg Miesmuscheln
50 g Butter
1 Zwiebel, gehackt
100 ml trockener Weißwein
1 Spritzer Zitronensaft
1 EL gehackte Petersilie
½ Knoblauchzehe
100 g Creme fraiche
1 Eigelb
Salz, Pfeffer
2 Bund Suppengrün

Zubereitung
Die Muscheln gut bürsten und mehrmals gründlich waschen. Geöffnete Exemplare aussortieren und wegwerfen. Butter in einem Topf schmelzen, gehackte Zwiebeln darin dünsten und mit Weißwein ablöschen. Muscheln und 100 ml Wasser zugeben. Zugedeckt etwa 10 Minuten garen, bis sich die Muscheln öffnen. Ungeöffnete Exemplare aussortieren und wegwerfen. Muscheln herausnehmen und das Muschelfleisch aus den Schalen lösen. Den Sud durch ein Sieb gießen. Sud aufkochen, Zitronensaft, geputztes und gewürfelte Wurzelgemüse, Salz, Pfeffer, gehackte Petersilie, zerdrückten Knoblauch zufügen und noch eine Weile kochen lassen.

Gebratene Maispoularde »supreme« auf Karottengemüse und Tomatenreis

Zutaten für 4 Personen
4 Maispoularden (800 bis 1000g), Hühnchenbrüste mit dem ersten Flügelknochen
Öl zum Braten
Salz, Pfeffer

Zubereitung
Maispoularde salzen und pfeffern, auf der Hautseite zuerst in Öl anbraten und zwölf Minuten fertig garen.

Für das Karottengemüse

750 g Karotten
2 EL Zucker
30 g Margarine
1 EL Petersilie
Salz

Zubereitung

Die Karotten schälen, waschen und in die gewünschte Form bringen. Margarine, Wasser und Salz zusammen aufkochen, das Gemüse zugeben und in geschlossenem Topf gar dünsten. Vor dem Anrichten mit Petersilie bestreuen.

Für den Tomatenreis

50 g Reis, abgekocht
30 g Strauchtomatenwürfel
20 g Tomatenmark
30 g feine Schluppenstreifen
20 g Butter
10 g Honig
Salz, Pfeffer, Muskat

Zubereitung

Alles zusammen mit den anderen Zutaten erhitzen und mit Salz, Pfeffer und Muskat verfeinern.

Schokoladenmousse mit Balsamicokirschen

100 ml geschlagene Sahne
50 g Kuvertüre, aufgelöst
1 cl Weinbrand

Zubereitung
Kuvertüre nach und nach unter die geschlagene Sahne heben und den Weinbrand dazu geben. Anschließend in eine Form tun.

Für die Balsamicokirschen
150 g Kirschen
30 ml Balsamicoessig
Honig
Stärkemehl
400 ml Kirschsaft
Zucker

Zubereitung
Den Zucker im Topf karamellisieren, mit Kirschsaft ablöschen, einreduzieren. Balsamicoessig ebenfalls mit etwas Honig einreduzieren, Kirschreduktion dazu geben, abschmecken und mit dem Stärkemehl binden. Die Kirschen kurz vor dem Anrichten dazu geben.

Gemüse und Kräuter von nah und fern

Das gesamte Gemüse für die königlichen Tafeln kam zum größten Teil aus der eigenen Gärtnerei oder von Bauern aus dem unmittelbaren Umfeld der königlichen Schlösser. Die Küchenzetteln dokumentieren eine Vielzahl an verschiedenem Gemüse. Bei Kohlgewächsen waren dies der Blumenkohl, Savoyen-Kohl, Wirsingkohl, Weißkohl, Blauer Kohl, Rotkohl, brauner Kohl, Grünkohl, Sauerkohl. Außerdem fanden verschiedene Rüben den Eingang in die Küche, wie Möhren und weiße Rüben sowie Teltower Rübchen. Selbst die Schwarzwurzel wurde in den Wintermonaten zubereitet.

Einiges auf der Speisekarte der Hofküche hatte als Beilage Linsen oder Champignons. Zu Bereicherung des Angebotes trug auch der Sauerampfer bei. Dieses säuerliche Wildkraut wurde meist zu Saucen und Suppen verarbeitet oder war Bestandteil von Pasteten. Als bevorzugtes Gemüse des Königs galten die Erbsen, der Spinat und saure Gurken. Verschiedentlich tauchte auch der Reis als Beigabe zu den Gerichten auf.

Kräuter wurden so verwendet, dass sie eher den Geschmack der Gerichte hervorhoben als ihn abzutöten, wie es im Mittelalter der Fall gewesen war. In den ersten Jahren der Regierungszeit des Königs wurde eine Vielzahl von Gewürzen genutzt. Jeder Koch hatte seine speziellen Rezepturen und Mischungen, die nicht verraten wurden. Nachweislich wurde aber mit Kümmel, Kapern, Koriander, Estragon, Oregano, Majoran, Muskat, Paprika, Petersilie, Dill, Lorbeerblätter, Piment, Rosmarin, Ingwer, Zimt, Salz, Pfeffer gewürzt. Aber auch exotische Zutaten wie Mandeln, Korinthen und Feigen fanden, insbesondere für die Dessertzubereitung, ihre Verwendung.

»Bei der Bestandsaufnahme der Unterlagen meines Vaters, die er in der Holzkiste aufbewahrt hatte«, ist bei Franz Heinrich Richter zu lesen, »fand sich auch ein Blatt, auf dem die größeren und kleineren Desserts notiert waren. Das schaute ich mir genauer an und las in den Aufzeichnungen. Ich war verwundert, weil man immer verbreitet hatte, dass der König nur Obst als Dessert zu sich nahm. Es war offensichtlich – er bevorzugte zwar Obst, doch war er gegenüber den anderen Köstlichkeiten des Hofkonditors ganz und gar nicht abgeneigt. Dessen süße Kreationen gehörten zu jeder größeren königlichen Tafel. So zum Beispiel ›Apfel à la Dauphine mit Konfekt‹ und ›Bestäubter Apfel‹.«

Königliche Süßigkeiten

Sehr gern verspeiste der König verschiedene Kuchen. Ganz besonders hat ihm der Kirschkuchen gefallen. Aber auch andere Kuchen musste der Hofkonditor herstellen:

Quin Kuchen
Rothenburger Kuchen
Portugiesischer Kuchen
Hannoverscher Kuchen
Zitronentorte
Englische Johannisbeertorte
Spritzkuchen
Torteletts von Mandeln
Florentiner – Ein rundes flaches Mandelgebäck, dessen Unterseite mit Kuvertüre bestrichen ist.

Mandel Spöcker
Flan von Aprikosen (ein Pudding)
Schokoladencreme
Biskuite Grille
Biskuit mêlês
Noices
Wiener Collatpfen
Waffeln
Jaabergrütze mit Zucker
Plomkoks
Krokant
Gatteau de miller feuilles

Zu Zeiten des Barock erfanden die an den Königs- und Fürstenhöfen in hoher Gunst stehenden Köche immer raffiniertere Desserts, die dann im Laufe des 18. bis 19. Jahrhunderts auch auf den Tischen des Bürgertums serviert wurden. Dem Desserts rechnete man auch eine prägnante Rolle am Schluss jedes opulenten Mahls zu. Man ging davon aus, dass die nach den Hauptmahlzeiten verzehrten Süßspeisen, das Obst und der Käse den vom vielen Essen strapazierten Magen beruhigen und so auch die Verdauung erleichtern sollten. Da das Dessert ein wichtiger Teil der Mahlzeit war, wurde auch den Gefäßen, in denen es aufgetragen wurde, besondere Aufmerksamkeit geschenkt. Anfangs fertigte man sie aus Silber und Majolika an, seit dem 18. Jahrhundert aus Porzellan.

Im 18. Jahrhundert traten für die Lagerung von Schokolade, Kleingebäck, getrockneten oder kandierten Früchte besondere Behälter in Erscheinung – die Bonbonnieren. Ebenfalls Einzug in die Salons hielten Bonbonfiguren, kleine auf einem Sockel stehende Frauen- oder Männerfiguren, die zumeist Muscheln sowie Kuchen-, Schokolade- oder Obstschalen in ihren Händen hielten, die als Gefäß der Köstlichkeit dienten.

Nach einer Tafelrunde und den abschließenden Desserts folgte gewöhnlich in Friedrichs Gesellschaft der Kunstgenuss, eine halbe Stunde Flötenspiel des Monarchen.

Desserts nach Langustier

Apfelauflauf mit warmer Nougatsauce

Brotpudding mit Ribbecker Birnenkompott

Sanddorncreme mit Holunderbeerensauce

Geeistes Pfirsichsüppchen mit Vanilleparfait

Preußische Marzipan-Grießflammerie
mit Kirschragout

Buttermilchmousse mit Zitronensauce

Apfelauflauf mit warmer Nougatsauce

Zutaten für 4 Personen
1 kg Äpfel
40 g Zucker
30 g gehackte süße Mandeln
20 g Zitronatwürfelchen
30 g Korinthen
1 EL Rum
60 g Butter
60 g Zucker

3 Eigelbe
60 g Mehl
¼ l Milch
3 Eiweiße, zu Schnee geschlagen
1 EL Zucker zum bestreuen

Zubereitung
Äpfel schälen und schnitzeln, diese mit etwas Zucker, Mandeln und Zitronat mischen und unter die vorbereitete Rum- und Korinthenmischung geben. Von Butter, Zucker, Eigelb und Mehl einen Teig anrühren, mit Milch und Eischnee verdünnen und über die in eine Porzellanform gelegten Äpfel füllen. Der Auflauf wird bei 120°C etwa 60 Minuten gebacken und danach mit Zucker bestreut.

Für die arme Nougatsauce
100 g Nougatmasse
30 ml Weinbrand
50 ml Sahne

Zubereitung
Alle Zutaten über dem Wasserbad zu einer glatten Sauce verarbeiten und warm servieren.

Brotpudding mit Ribbecker Birnenkompott

Zutaten für 4 Personen
80 g Butter
60 g Zucker
5 Eigelbe
5 Eiweiße
80 g Weißbrotwürfel
20 g Stärke.
10 ml Calvados

Zubereitung
Butter und Zucker schaumig schlagen, die Eigelbe nach und nach zugeben. Das Weißbrot und die Stärke einmehlieren. Die Eiweiße zu Schnee schlagen und unter die Brotmasse heben. Die Masse in einer Terrinenform bei 180 °C ca. 15 Minuten backen.

Für das Ribbecker Birnenkompott
2 große Birnen
300 ml Kirschwein

Zubereitung
Birnen in Kirschwein pochieren, zu einem Fächer schneiden und zusammen mit dem Brotpudding auf dem Teller anrichten.

Sanddorncreme mit Holunderbeerensauce

Zutaten für 4 Personen
150 g Schmand
2 Eigelbe
150 g Zucker
2 Blatt Gelatine
100 ml Sanddornsirup
100 ml Sahne

Zubereitung
Eigelb und Zucker in einer Schüssel schaumig schlagen, danach mit dem Schmand die Masse glatt rühren. Nun die aufgelöste Gelatine und den Sanddornsirup dazugegeben und vorsichtig unterheben. Zuletzt wird die Sanddorncreme mit frisch geschlagener Sahne abgeschmeckt.

Für die Holundersauce
200 ml Holundersaft
30 g Stärke
50 g Zucker
½ Zitrone
1 Vanillestange
1 Prise Zimt

Zubereitung
Zucker karamellisieren lassen, mit Holundersaft auffüllen, etwas eindicken lassen und mit angerührter Stärke abbinden. Mit Zitrone, Zimt und Vanille abschmecken und kaltstellen.

Geeistes Pfirsichsüppchen mit Vanileparfait

Zutaten für 4 Personen
8 Pfirsiche (Dose)
20 cl Mirabellengeist
100 ml Pfirsichsaft
50 ml Rahm
2 Kugeln Vanilleeis
½ Vanilleschote, Mark
Minzeblätter

Zubereitung
Vier der eingelegten Pfirsiche in Fächer schneiden. Die restlichen Pfirsiche, Mirabellengeist, Pfirsichsaft, Rahm, das Mark einer halben Vanilleschote gut vermixen, pürieren und kühl stellen. Die gefächerten Pfirsiche in kleine Schälchen geben und darauf das geeiste Pfirsichsüppchen gießen. Mit Minzeblättern dekorieren.

Für das Vanilleparfait
200 ml Sahne
50 g Zucker
2 Eigelbe
1 Eiweiß
1 Vanilleschote, Mark

Zubereitung
Eigelb, 30 g Zucker und Mark der Vanilleschote im Wasserbad kalt und warm schlagen. Eiweiß und restlichen Zucker eben-

falls zu Schnee schlagen. Zunächst Eigelbmasse und dann den Eischnee einmehlieren. Die gesamte Masse in eine Form geben und einfrieren.

Preußische Marzipan-Grießflammerie mit Kirschragout

Zutaten für 4 Personen
250 ml Milch
1 Vanilleschote, Mark
30 g Gries
3 Blatt Gelatine
3 Eigelbe
100 g Zucker
150 ml geschlagene Sahne

Zubereitung
Milch und Vanilleschote aufkochen, Grieß dazu geben und nochmals aufkochen. Das mit dem Zucker schaumig geschlagene Eigelb dazu geben und den Topf vom Herd nehmen. Aufgelöste Gelatine unterrühren und die geschlagen Sahne unterheben. Sofort in eine Form geben und fest werden lassen.

Für das Kirschragout
100 g Zucker
25 g Honig

250 ml Rotwein, trocken
25 g Weizenstärke
360 g Kirschen, entkernt

Zubereitung

Zucker im Topf karamellisieren, mit Rotwein ablöschen und Honig dazu geben. Die mit Wasser angerührte Weizenstärke in die kochende Flüssigkeit rühren und nochmals aufkochen. Nach dem Abkühlen Kirschen hinzufügen.

Buttermilchmousse mit Zitronensauce

Zutaten für 4 Personen

60 ml Buttermilch
25 g Zucker
abgeriebene Schale einer Zitrone und deren Saft
abgeriebene Schale einer Limette und deren Saft
1 Blatt Gelatine
90 ml Sahne
25 g Mehl
25 g Honig
30 g Butter
200 g Puderzucker

Zubereitung

Den Zucker sowie die Zitronen- und Limettenschale verrühren. Gelatine in kaltem Wasser einweichen. Dann die aufgequollene Gelatine auswringen und im erwärmten Zitronensaft auflösen. Das Ganze mit der Buttermilch vermengen. Nun auch die Zitronen- und Limettenschalen zur Buttermilch geben. Zum Schluss die Sahne steif schlagen, vorsichtig unter die Masse heben, glatt rühren und kalt stellen. Das Mehl mit Honig, Butter und Puderzucker zu einem Teig kneten, diesen zu vier kleinen Kugeln formen und auf Backpapier bei 220 °C ca. 5 Minuten backen. Dann herausnehmen, auf einen Flaschenhals oder Ähnliches legen und erkalten lassen.

Für die Zitronensauce
2 Zitronen
60 g Zucker
50 ml Weißwein
50 g Mangopüree
10 g Stärke
10 g Vanillezucker

Zubereitung
Zitronensaft, Zitronenschale, Zucker und Weißwein mit dem Mangopüree zusammen aufkochen, mit Vanillezucker verfeinern und mit Stärke abbinden. Durch ein Sieb passieren und kühlen.

»Wie ich den mittlerweile fast gänzlich sortierten Aufzeichnungen entnehmen konnte, war der König dem Kaffee sehr angetan. Er trank ihn gern und ließ ihn sich auch mal mit Champagner statt Wasser zubereiten. Er soll zur Würzung auch Senf genommen haben – ein wahrlich merkwürdiger Geschmack!«

Braune Bohnen unter Kontrolle

In Preußen galt Kaffee seit etwa 1680 vor allem als Modegetränk in der besseren Gesellschaft. Seit dem 18. Jahrhundert war Kaffee das geschätzte Alltagsgetränk in allen sozialen Schichten. Der Kaffeekonsum erhöhte sich. Diese Tendenz widersprach aber der merkantilen preußischen Wirtschaftspolitik, denn die Politik war bestrebt, möglichst wenige Waren zu importieren, damit das Geld in den eigenen Landesgrenzen gehalten wurde.

Friedrich II. hatte den teuren Siebenjährigen Krieg hinter sich gebracht. Nun war es sein Ansinnen, die Staatskassen wieder aufzufüllen. 1766 untersagte er die freie Kaffee-Einfuhr und den freien Handel. Mit Kaffeebohnen durfte nur noch der preußische Staat selbst handeln. Kaffee wurde nachträglich in die Luxuskategorie eingeordnet und mit horrenden Steuern belegt. Der König wollte somit den Konsum vermindern oder, wenn dies nicht gelang, zumindest mitverdienen.

Nach seiner Anschauung sollte das Volk lieber wieder Biersuppe verzehren und damit die Brauwirtschaft fördern helfen. Das Volk reagierte auf seine Weise und so nahm der Kaffeeschmuggel nach Preußen immer größere Ausmaße an. Der König reagierte und erließ am 21. Januar 1781 die Ordre über das Kaffeemonopol: »Es ist allen und jedem verboten, in den Häusern oder irgend anderswo Kaffee zu brennen, und keinen anderen Kaffee zu führen als denjenigen von der General-Niederlage in Paketen versiegelten und gestempelten Kaffee.«

Das private Brennen wurde unter Strafe verboten. Die staatlichen Röstereien erlangten das Monopol. Der Verkauf war nur im königlichen Zolllager und bei einigen ausgewählten Lebensmittelhändlern möglich. Somit hatte der preußische Staat den

Handel, die Rösterei und den Verkauf unter seine Kontrolle gebracht. Diese Kontrollen wurden in Preußen von 400 ehemaligen französischen Soldaten durchgeführt – diese Männer wurden als »Kaffeeriecher« oder auch »Kaffeeschnüffler« bezeichnet. Sie waren die meistgehassten Franzosen im Land und ihre offene Willkür führte immer häufiger zu Beschwerden. Erst nach dem Tod Friedrichs II. schaffte sein Nachfolger, Friedrich Wilhelm II., 1787 die »Kaffeeriecher« und das staatliche Kaffeemonopol ab.

Weine – lieb und teuer

Als Getränk zog der König im Allgemeinen die französischen Weine allen anderen vor, wenigstens als Tischwein. Lange Zeit trank er nur moussierenden Champagner, den er mit Wasser verdünnte. Er behauptete, dies sei das allergesündeste Getränk.

In seinen Weinkellern lagerten damals edle Mosel- und Burgunderweine, ungarischer Tokajer und Champagner. Der König bevorzugte einen sehr süßen weißen Monbazillac aus dem Anbaugebiet des Bergerac zwischen Toulouse und Bordeaux. Bergerac, die größte Weinbau-Region in Südwest-Frankreich, deren Weinbau-Gemeinden im Südosten liegen.

Am 10. April 1747 informierte der Kammerherr von Fredersdorff seinen König, dass ein 200 Antal (ein oberungarisches Weinmaß, wobei 1 Antal 55 Litern entspricht), also 11.000 Liter ungarischen Weins angekommen seien. Den Rheinwein allerdings verschmähte der König, weil er annahm, dass dieser Wein Gicht, Podagra (Fußgicht) und Rheumabeschwerden verursachen würde. Er meinte, dieser Wein vermittle einen »Vorgeschmacken von Gehenkt werden«.

Der König versuchte sogar, den Tokajerwein in der Mark Brandenburg anzubauen. Schon 1744 hatte er bei Bornstedt einen königlichen Weinberg anlegen lassen. Diese Versuche beruhten einerseits auf seiner privaten Vorliebe für den Ungarnwein, andererseits lagen diesem Versuch aber auch volkswirtschaftliche Erwägungen zugrunde. Wenn sich die als möglich erwies, war man auf noch weniger Produkte aus dem Ausland angewiesen. Seit Februar 1754 war die Versorgung des königlichen Weinkellers mit französischen Weinen bevorzugt, weil mittlerweile so genannte Kampfzölle auf die österreichischen und ungarischen Weine erhoben wurden. Damit war der begehrte Wein unglaublich teuer geworden.

Zur Lagerung der edlen Weine wurden die Kellergewölbe der Schlösser genutzt. Nur Schloss Sanssouci erwies sich als wesentlich ungünstiger als die anderen Königsschlösser. In Sanssouci waren die Küchen- und Stallräume im westlichen Schlossflügel nicht unterkellert und die Weinfässer befanden sich im kleineren Kellergeschoss unter dem Ostflügel. In den anderen königlichen Schlössern waren größere Weinkeller eingerichtet worden. Für jeden Weinkeller gab es einen Kellermeister, der für den Einkauf und die Überwachung zuständig war. An seiner Seite stand der Kellerschreiber, der alles penibel abzurechnen hatte.

Der Archivar all dieser Überlieferungen sah das Ende seiner Arbeit für das Hofmarschallamt nahen. »Mit klarem Auftrag ausgestattet und durch hunderte Schriftstücke durcharbeitend, hatte ich mich über mehrere Monate durchkämpfen müssen, um die verstaubten Akten in der Kammer zu sichten. Am Anfang war es Pflicht, die sich, wie ich heute feststellen kann, zu einem großen Interesse für die Geschichte Preußens und Europas steigerte. Zunächst stand das Interesse am Großen König im Mittelpunkt. Aber als ich vor einigen Wochen, überreicht durch meine gütige Schwester Mathilde, die Hinterlassenschaft meines Vaters in einer Kiste fand, verbanden sich die königlichen Aufgaben mit meinen privaten Interessen. Auch den Nachlass meines Vaters würde ich später noch sichten. Die Idee machte sich noch immer in mir breit, einiges davon zu bearbeiten und der Nachwelt zu erhalten – sowohl das, was den König anging, als auch meinen Vater und dessen alten Freund Honorè Langustier.

Die Bemerkungen zu den einzelnen Episoden aus dem Leben des Königs und das Regime in der Hofküche waren sehr interessant und wurden mir schon in jungen Jahren durch meinen Vater vermittelt. Viele dieser Begebenheiten habe ich teilweise in den königlichen Aktenordnern gefunden, anderes wich erheblich ab. Was mich besonders erfreute, war die Sammlung von Küchenzetteln, Kochrezepten, Kochbüchern und einigen kleineren Aufzeichnung zu verschiedenen Rezepten zu finden, von denen ich vermute, dass sie von jenem Zweiten Hofküchenmeister des Königs stammen, der auch im Dienste Friedrichs manches Verbrechen aufdeckte.

Von der Truhe mit den Rezepten meines Vaters wusste ich zu Lebzeiten meines alten Herrn nichts. Warum er mir nichts von dieser Kiste erzählt hatte, wird wohl für immer ein Geheimnis bleiben.

Viele Unterlagen, die in den letzten Wochen durch meine Hände gingen, waren Abschriften von Rezepten, aus Büchern, auch persönliche Notizen darüber, was man zu jener Zeit in der Hofküche wissen musste. Vieles war am französischen Standard orientiert. So mussten die Küchenzettel dem König auf französisch vorgelegt werden. Die Köche kamen sowieso zum größten Teil aus Frankreich. Die neuen eingeführten Rezepte, die vom König gewünscht wurden oder auch das Tafelzeremoniell – vieles hob sich bei Friedrich II. von den Gewohnheiten seines Vaters ab. Denn Friedrich Wilhelm I. hielt sich vom französisch-höfischen Leben fern und damit auch von den prunkvollen Einflüssen des Versailler Rokoko.

Alles was in der Kochkunst der damaligen Zeit von Interesse war, schien mein verehrter Vater aufgehoben zu haben. So fand ich auch eine Schilderung zur französischen Kochkunst. Einiges daraus wurde in die Küchenreglements am preußischen Hof aufgenommen und zusammen mit den jungen und neuen französischen Köchen noch verfeinert, wie dort in einer Randbemerkung meines Vaters zu lesen war. Ich konnte nicht alle Aufzeichnungen lesen, aber eine nahm ich mir vor, weil ich beim Überfliegen darauf aufmerksam wurde, wie einige Gerichte zu ihren Namen gekommen waren.«

Im 17. Jahrhundert erschienen die ersten großen Regelwerke der französischen Kochkunst von La Varenne und Massaliot. François-Pierre de La Varenne war der bedeutendste französische Küchenchef des 17. Jahrhunderts, dessen berühmtes Kochbuch »Le Cuisinier François« die europäische Kochkunst prägte. La Varenne kochte zunächst für Maria von Medici, die Frau Heinrichs IV., später für Louis Chalon du Blé, den Marquis d'Huxelles. Er veröffentlichte 1651 »Le Cuisinier François« und zwei Jahre später »Le Patissier François«. Beide Bücher zählen zu den Grundlagen der Köche aus Frankreich. Der »Cuisinier François« war die erste größere Rezeptsammlung seit über 100 Jahren und gab der französischen Küche, die noch unter dem Einfluss des Mittelalters und der italienischen Küche der Renaissance stand, neue Impulse, die über ganz Europa ausstrahlten. La Varenne empfahl die sparsame Verwendung von Gewürzen und die Beigabe von Gemüse zur täglichen Mahlzeit und markierte damit den entscheidenden Bruch mit der Kochtradition des Mittelalters.

Man befasste sich mit der variantenreichen Kunst der Saucenzubereitungen und begann, Gerichte nach Adligen und hochgestellten Persönlichkeiten zu benennen. Zu dieser Zeit wurden auch die ersten Hors d'œuvres (Vorspeisen) und Entremets (Zwischengerichte) serviert – und zwar Entremets kulinarischer Art. Vorher verstand man darunter allerhand Unterhaltungen während des Essens. Die Küche zu jener Zeit war allerdings eher pompös und üppig, weniger fein und delikat. Die Gelage unter dem Sonnenkönig Louis XIV. entsprachen dem Lebensgefühl des Barock. Vor allem der Prinz Condé und der Staatsmann Fouquet förderten die Kunst der Küche und die Küchenmeister dankten es ihnen, indem sie ihre Schöpfungen nach ihnen benannten. Zum Beispiel die Béchamelsauce, die in dieser Zeit »erfunden« wurde, und die Lammkoteletts Maintenon sind Ehrenbezeugungen für eine Klasse, die sich für den Aufschwung der französischen Küche einsetzte. Dazu gehört auch, dass die schwerfälligen mittelalterlichen Küchenutensilien durch neue Gerätschaften aus Weißblech ersetzt wurden. Louis XIV. gebührt das Verdienst, eine neue Menüordnung eingeführt zu haben. Ab jetzt wurden die Gerichte getrennt serviert und nicht mehr wie früher in riesigen Pyramiden auf großen Platten aufgehäuft.

Waren Üppigkeit und unmäßige Völlerei die Kennzeichen am Hofe des Sonnenkönigs, so folgte unter dem Regenten Philippe d'Orléans eine Epoche der Verfeinerung. Es schlug die Geburtsstunde der feinen französischen Küche. Die Küchengeräte bestanden am Hofe aus Silber. Der Regent selbst legte

Hand an bei der Zubereitung der Speisen. Bis zum Beginn des 18. Jahrhunderts waren die Speisen über dem Kaminfeuer gegart worden, jetzt gab es Herde mit 12 bis 20 Feuerstellen. Bei Hof und in den adeligen Häusern bestand ein Menü aus etwa 200 unterschiedlichen Gerichten.

»Während meiner Arbeit habe ich viel Neues entdeckt, aber auch Vertrautes wieder gefunden. Nun war der Tag der Übergabe der Unterlagen aus den geheimnisvollen Archiven an das Hofmarschallamt gekommen.

Es war ein schöner Herbsttag, und ich sah vom Fenster meines Wohnzimmers direkt auf die Schlossfreiheit. Über den Dächern des Werderschen Marktes konnte man den Deutschen und den Französischen Turm erkennen. Etwas nach rechts geschaut sah ich das pulsierende Leben in der Straße Unter den Linden. Kutschen fuhren, und hektische Betriebsamkeit kündigte einen hohen Gast an. Wer heute im Schloss erwartet wurde, dass würde ich sicherlich später erfahren.

Ich nahm meine Ordnungsliste in die Hand und verließ die Wohnung. Der Übergabeort befand sich im Lustgartenflügel. Zuerst machte ich meine tägliche Schlossrunde. Diese plante ich so, das am Ende meines Rundganges die Übergabe erfolgen konnte. Ich wollte mir an dem heutigen schönen Sonnentag alle Säle, die Bildergalerie und einige angrenzende Räume im zweiten Stockwerk ansehen. Ich ging zur Prinzessinnen-Marie-Kammer, die für das Kronprinzenpaar, den späteren Friedrich Wilhelm I. und der Königin Sophie Dorothea von Andreas Schlüter eingerichtet wurde, dann zum Elisabethsaal, dem Marmorsaal des Schlosses.

Diesen Raum hatte Schlüter als Festraum angelegt. Bemerkenswert sind die Atlanten auf den Gesimsen. Ich schaute mir die Atlantenfiguren und die Büsten in den Nischen sehr genau an, denn hier war vor kurzem etwas heraus gefallen. Aber jetzt schien alles in Ordnung zu sein.

Mein Weg führte dann zur Wohnung Elisabeth Christines, der Gemahlin Friedrichs II., die sie während ihrer Aufenthalte in Berlin bewohnte. Das Rote Zimmer war das Speisezimmer der Königin. Durch die Zimmer der Königin-Elisabeth-Wohnung betrat ich schließlich den Schweizer Saal über dem großen Schlüterschen Treppenhaus, auch Gigantentreppe genannt. Ursprünglich war der Saal als Wachzimmer für die Schweizer Garde und als Vorraum an der Haupttreppe gedacht. Das Deckengemälde von Terwesten zeigte zwar kleine Beschädigungen, diese erschienen aber unerheblich zu sein. Sonst gab es keine Beanstandungen in diesem Bereich.

Nun betrat ich die Paradekammern, die Repräsentationsräume für Friedrich I., die sich gleich nach dem Schweizer Saal öffneten. Durch das Königszimmer gelangte ich schließlich zum Rittersaal, ebenfalls von Andreas Schlüter gestaltet. Ursprünglich diente er Friedrich I. als Thronsaal. Nach Osten besah ich mir die Aufstellung des Silberbuffets. Seine Überprüfung ist eine der wesentlichen Aufgaben in diesem Bereich. Die Vollständigkeit und Standsicherheit musste zu jeder Zeit gewährleistet sein.

Der Kapitelsaal war die von Schlüter erbaute Schlosskapelle. Zum Schluss ging ich durch die Bildergalerie weiter zur Weiße-Saal-Galerie. Dazwischen lag der Raum, in dem sich einst ein schönes Zimmer aus Bernstein befand. Zuerst wollte Friedrich I. in der Roten Kammer des Charlottenburger Schlosses eine Bernsteintäfelung einbauen lassen. Die Arbeiten gingen schleppend voran. Nach meinen Unterlagen war es 1711 fertig gestellt. Zu spät für das Schloss Charlottenburg, denn es wurde dort nicht mehr benötigt. Nun sollte das Bernsteinzimmer im Schloss Oranienburg eingebaut werden, aber auch dazu kam es nicht. Schließlich entschloss man sich, es im Berliner Schloss, in dem viel kleineren, nordwestlichen Eckraum direkt am Weißen Saal unterzubringen. Wegen der Größe dieses Raumes konnten nicht alle Paneele verwendet werden, einige wurden deswegen eingelagert. Friedrich Wilhelm I. verschenkte es an den russischen Zaren. Nach dem Ausbau des Bernsteinkabinetts wurde diese Kammer zum berühmten Tabakkollegium Friedrich Wilhelms I.

Ich betrat die Räume des Hofmarschallamtes, aber der Hofmarschall selbst war nicht zugegen, weil er dringlichst zum König gerufen wurde. Das bedeutete für mich, noch ein paar Minuten zu warten, denn der Hofrat Carl Friedrich Lentz wurde jeden Augenblick aus seiner Wohnung in der Breite Straße 5 erwartet. Kaum hatte ich auf einem Sessel Platz genommen, ging auch schon die Tür auf, der Hofrat bemerkte mich und fragte: ›Alles in Ordnung, alles gesichtet, alles gesichert und Spaß gehabt?‹ Dabei zuckte ein kleines Lächeln über sein Gesicht. ›Ja, Herr Hofrat‹, antwortete ich, ›wie verabredet sind hier die Listen der sortierten Akten.‹ Der Hofrat nahm mich zur Seite und fragte, ob ich etwas Wichtiges oder gar Geheimes entdecken konnte? Ich verneinte, regte aber an, alle Akten aufzuheben. ›Das wird auch gemacht‹, versprach er. ›Es ist geplant, in nächster Zeit ein geordnetes Archiv aufzubauen. Lassen sie die Schlüssel ruhig liegen. Aber Sie kommen ja sowieso in alle Räume hinein, Sie kennen diese besser als Seine Majestät selbst. Aber dennoch, lieber Richter, ist Ihnen überhaupt nichts Besonderes aufgefallen? Kurioses oder geheimnisvolles?‹ Lentz schaute mir erwartungsvoll in die Augen. ›Doch, Herr Hofrat‹, antwortete ich, ›ich habe mehrere Manuskripte von Schillers ›Pitaval‹ entdeckt, deren Herkunft ich mir überhaupt nicht erklären kann.‹ Lentz lächelte und sagte: ›Nun, mein Freund, dann will ich Ihnen das erklären. Sie haben, mein lieber Richter, eine große Arbeit geleistet, und als Dank dafür wollte ich Ihnen einige Originalschriften des großen Schillers zum Geschenk machen. Verzeihen Sie mir die etwas eigenartige Übergabe Ihres verdienten Lohnes. Ich selbst habe die Manuskriptteile in den Aktenordnern versteckt. Auf diese Weise konnte ich auch leicht erkennen, dass Sie wirklich jedes Stück Papier in den Händen hielten und keinen Ordner ausgelassen haben. Außerdem hatte ich Ihre Schwester gebeten, das Deckblatt an einem Ort zu positionieren, der Ihnen, lieber Richter, definitiv noch mehr Interesse für die königlichen Akten schenken sollte, als sie es ohnehin schon hatten. Ich danke Ihnen von ganzem Herzen für die präzise und qualitative Arbeit in den vergangenen Monaten. Meinen herzlichen Dank.‹

Über soviel Lob hocherfreut, verließ ich, mit einem literarischen Schatz in der Hand, die Räume des Hofmarschallamtes. Als ich über den kleinen und großen Schlosshof ging, waren meine Gedanken noch immer bei meiner abgeschlossenen Aufgabe.

Jetzt konnte ich mich an die Rezepte meines Vaters machen; eine neue Aufgabe stand mir schon bevor. Vielleicht würde mir auch der alte vertraute Langustier in den Hinterlassenschaften meines Vaters Heinrich erneut begegnen. Ich war mir sicher, dass er das tun würde.«

Hier enden die Aufzeichnungen von Franz Heinrich Richter. Ob er sein Vorhaben, ein Rezept- und Kochbuch aus der Hinterlassenschaft seines Vaters und jenes Langustiers zusammenzustellen, verwirklichen konnte, ist nicht bekannt. Ebenso ungeklärt ist der Verbleib der Originalschriftstücke von Schiller.

Verwendete Literatur

Akten des Geheimen Staatsarchiv Preußischer Kulturbesitz, Archiv der Stiftung Preußischer Kulturbesitz in Berlin.

Oppeln-Bronikowski/Volz, Gustav Berthold (Hrg.): Das Tagebuch des Marchese Luccesini (1780?1782). Gespräche mir Friedrich dem Großen, München 1926.

Richter, Johannes: Die Briefe Friedrich des Großen an seinen vormaligen Kammerdiener Fredersdorff, Reprint, Braunschweig 1997.

Rödenbeck, Karl Heinrich Siegfried: Tagebuch oder Geschichtskalender aus Friedrich des Großen Regentenleben (1740–1786) mit historischen und biographischen Anmerkungen zur richtigen Kenntnis seines Lebens und Wirkens in allen Beziehungen, Berlin 1840.

Schieder, Theodor: Friedrich der Große – Ein Königtum der Widersprüche, Berlin und Frankfurt am Main 1996.

Schiller, Friedrich/Tekolf, Oliver: Schillers Pitaval, Frankfurt am Main 2005

Schmidt-Lötzen, Karl Eduard (Hrg.): Des Reichsgrafen Ernst Ahasverus Heinrich Lehndorffs Tagebücher nach seiner Kammerherrnzeit 1727–1811, nach dem Franz. Original bearbeitet, Gotha 1921.

Schüßler, Willy: Gespräche Friedrich des Großen mit Catt, Leipzig 1926.

Thiébault, Dieudonné: Friedrich der Große und sein Hof. Persönliche Erinnerungen an einen 20jährigen Aufenthalt in Berlin, Nachdruck, Berlin 2005.

Vehse, Carl Eduard: Die Höfe zu Preußen – Friedrich II., der Große 1740 bis 1786, hrg. von Wolfgang Schneider, Leipzig 1993.

Vehse, Carl Eduard: Preußens Könige privat. Berliner Hofgeschichten, Köln 2006.

Zu den Autoren

Ronny Pietzner, Jahrgang 1978, war zuletzt u.a. Gastronomischer Direktor im Elysée Hotel Hamburg. Seit 2006 betreibt er sein eigenes Restaurant »Bäkemühle« in Kleinmachnow. Bekannt ist er auch als Fernsehkoch bei der ARD. Publikation u.a. »Kulinarische Botschaften. Weltmeisterlich kochen mit Ronny Pietzner«.

Harry Balkow-Gölitzer, 1949 in Weilar/Rhön geboren, war über zehn Jahre Redakteur und Moderator im Rundfunk der DDR, bis 1991 freier Hörfunkjournalist, seit 1996 freier Journalist und Autor (u. a. Drehbücher für Dokumentarfilme). Von ihm als Koautor erschienen im be.bra verlag u. a. „Eine noble Adresse. Prominente in Dahlem und ihre Geschichten“

Enthaltene Rezepte